김홍도, 『행려풍속도병』 중 〈취중송사〉, 국립중앙박물관 소장

수령의 행차에 두 사람이 송사를 하는 장면을 담았다. 수령의 판결에 불복하면 관찰사를 거쳐 국왕에게 직접 자신의 억울함을 호소할 수 있었다.

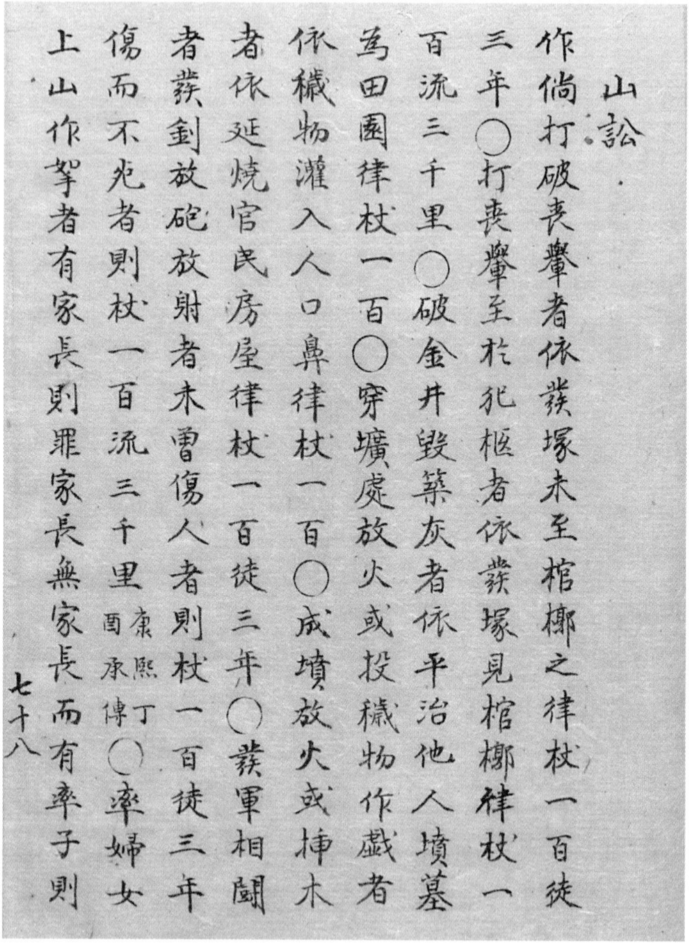

山訟

作倘打破喪轝者依發塚未至棺槨之律杖一百徒
三年○打喪轝至於犯柩者依發塚見棺槨律杖一
百流三千里○破金井毁築灰者依平治他人墳墓
爲田園律杖一百○穿壙處放火或投穢物作戲者
依穢物灌入人口鼻律杖一百○成墳放火或揷木
者依延燒官民房屋律杖一百徒三年○發軍相鬪
者發劍放砲放射者未曾傷人者則杖一百徒三年
傷而不死者則杖一百流三千里康熙丁酉承傳○率婦女
上山作挐者有家長則罪家長無家長而有率子則

七十八

『신보수교집록』「예전」 산송조, 서울대학교 규장각한국학연구원 소장

산송이 법전에서 독립 항목으로 설정된 최초의 사례다. 분묘 훼손 및 투장의 다양한 형태와 처벌 규정을 중심으로 총 24건의 수교(受敎)가 수록되어 있다.

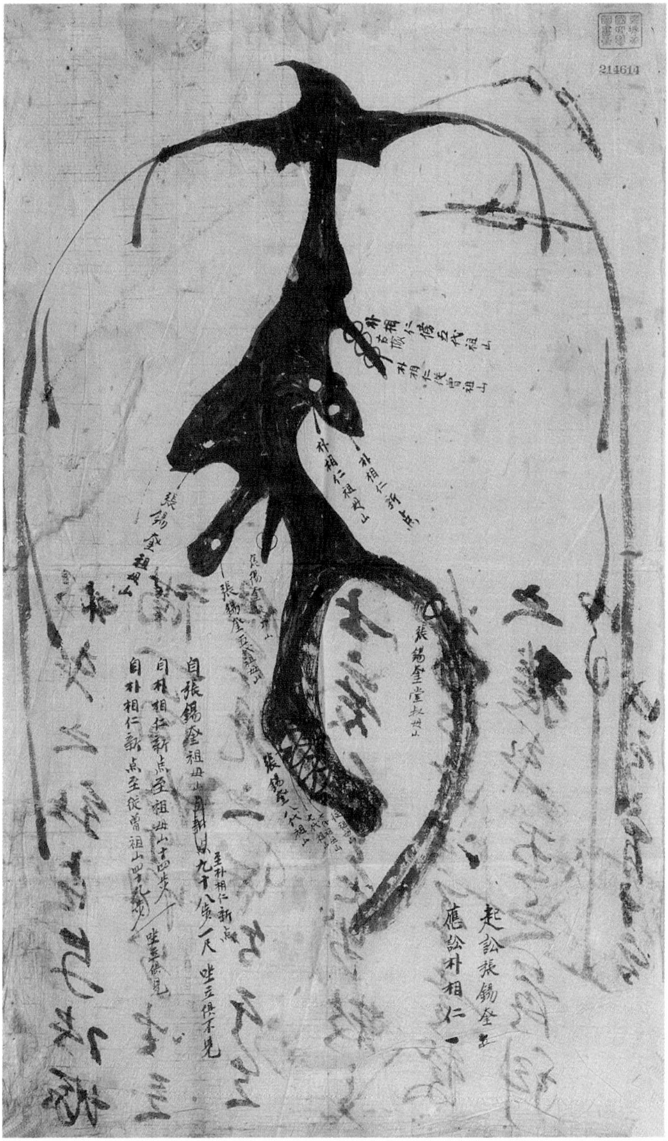

〈산도山圖〉, 서울대학교 규장각한국학연구원 소장.

장석규와 박상인 간의 산송 때 그린 산도다. 산송이 발생할 경우 소송관은 현지 조사를 통해 산세를 살핀 뒤 이 같은 산도를 그려 판결에 사용했다.

윤관 장군 묘, 한국학중앙연구원 소장

고려의 재상 윤관의 묘 위쪽에 청송 심씨 심지원의 묘가 있었는데, 그 이전을 놓고 두 집안 간의 갈등이 불거졌다. 청송 심씨가와 파평 윤씨가는 임금의 중재에도 불구하고 가문의 명예와 위상을 걸고 산송을 이어갔다. 대를 이어 250년간 계속된 산송은 2010년 윤씨 측에서 이장 부지를 제공해주고 심씨 측에서 이장함으로써 극적으로 해결되었다.

1805년 2월 이명전 발괄, 전북대학교 박물관 소장

지손(支孫)들이 문중을 장악하고 수백 년 동안 금양한 송추를 모두 내다팔아 위선 사업에 차질을 빚게 되었음을 호소하는 내용이다. 분산 수호자들은 분산 구역 내의 산림을 잘 기르고 다른 사람의 접근을 차단할 수 있는 권리, 즉 송추 금양권을 가졌다.

城主前　白活

屯德化民 李明銓 白

誠惶誠恐仰讀

仁威伏以自夫宗法之壞了世之人家往往有斁倫背理之習而豈有如民之所遭之罔測者哉蓋民乃十一代祖春城副正後大宗孫也十代祖承旨公墳墓在
靈澤坊而山家事宗子主之故民七代祖都事公優置墓田入山直以爲永世不拔之業且營建齋舍劃出房畓四斗落者亦爲守護禁養之
美規也不幸中年民之曾高祖兩世一時俱沒民之祖父孑孑在襁褓主張無人則許多宗物過半見失言之至此不勝嗚泣宗風頓衰後俗益䟽以支孫
强盛凌侮宗孫之迷弱凡於山家事支孫主之累百年長養鄕木一朝斫伐各自私用甚至年年斥賣柴草徒爲浪用塋域崩頹無所補破齋
室傾敗無所重葺所謂四斗落房畓只爲支孫哺啜之資此果爲遵守先訓保護先塋之道耶噫嘻痛矣民之十代祖承旨公當今祭田亦是宗
家主張無人之時支孫劉出民之八代祖判書公別幅書給民之七代祖都事公文券中傳之長子永不遷動田民者也而支孫之挽改先訓豈不寒心哉民雖
不肖既有宗孫之名則不勝慨惋之心欲爲推出所謂房畓移爲祭田是遣上項支孫之劉出永不遷動之位土乙還附宗家以遵先訓之計請于門長則
門長回推出房畓不是異事云矣支孫之凌蔑宗孫之習去而益甚輒以代盡後無宗孫云而數三宗人恐動門長冒錄諸宗名帖以私已自養之說搆誣呈訴
云此豈非萬萬究枉者耶民之傳來宗統雖千百代在於民一人則支孫之代盡無宗之說亦豈非斁倫背理之甚者乎民雖無似豈忍以先祖報本貽後之土敢
爲肥己之資耶所謂房畓亦是宗家之物則任之於支派宗中以爲哺啜之資是耶移爲先世祭田是遵先祖遺訓中傳之長子永不遷動位土則還入宗家
以爲補宗而遵守萬世不易之先訓非耶民雖是無似之人固知與同宗爭訟之爲羞恥而宗人先自誣呈不爲出見則不得不一番聞禮故茲敢略控仰顒伏乞
閤下明察彼此之是非然後公明處決俾此迷弱之民以爲補宗遵守先訓之地千萬祈懇之至

城主 處分

乙丑二月　日

宗畓之完
勿生相訟

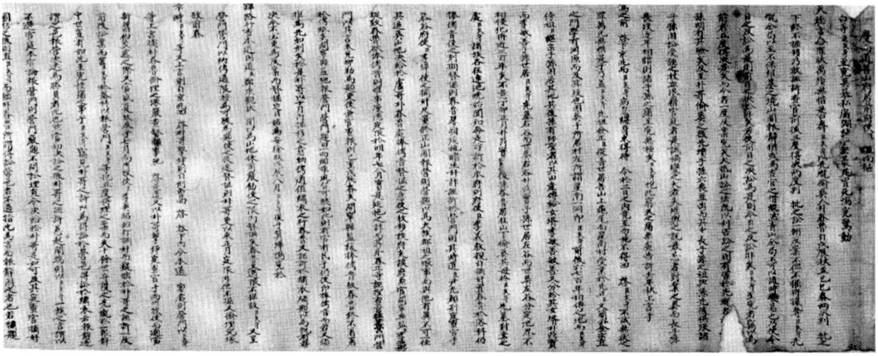

노상추 격쟁 원정(일부)

경상도 선산에 살았던 노상추가 박춘로의 투장총을 파내줄 것을 국왕에게 호소하는 격쟁 원정의 초안이다. 노상추는 아홉 번씩이나 상언과 격쟁을 시도하며 치열하게 대립했다. 그는 산송의 구체적인 전개를 자신의 일기에 남겼다.

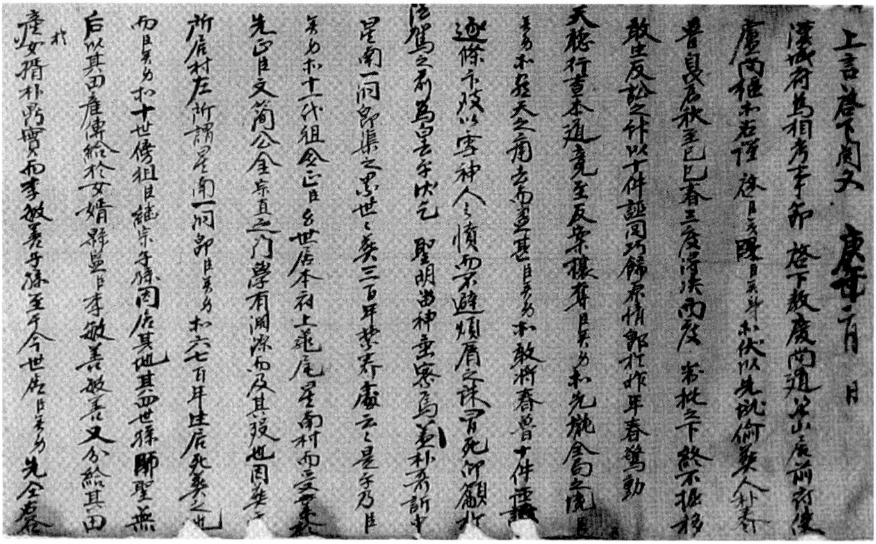

한성부 관문(關文)

1801년 2월 한성부에서 경상도 관찰사에게 보낸 공문서로 같은 달 3일 노상추의 5차 상언을 처리하는 과정에서 작성되었다. 사건을 조사 보고하라는 국왕의 명령을 받은 한성부에서 경상도 관찰사에게 노상추의 상언 내용과 왕명을 전달하면서 조사 보고를 명했다.

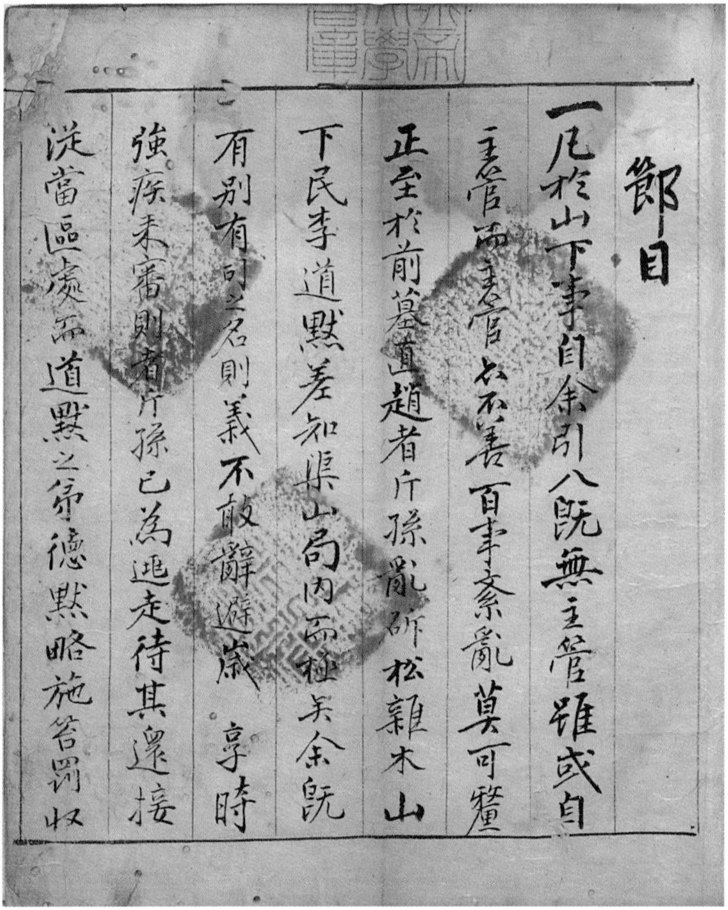
節目
一凡於山下事自余司入既無主管雖或自
主管而主管亦不善百事紊亂莫可釐
正至於前墓道趙者斤孫亂斫松雜木山
下民李道默差知渠山局內而極矣余既
有別有司之名則義不敢辭避歲 享時
強疾來審則看斤孫已爲逃走待其還接
從當區處而道默之謂德默略施笞罰收

분동 심씨 산하리 계안, 서울대학교 규장각한국학연구원 소장

충청도 청주 지역의 심씨가에서 분산을 수호하기 위하여 분동의 동계(洞契)와 결합해 남긴 금송계 문서로, 계의 결성 목적과 운영방식을 규정한 절목과 계원 20여 인의 이름과 출생 연도가 기록된 좌목으로 구성되어 있다.

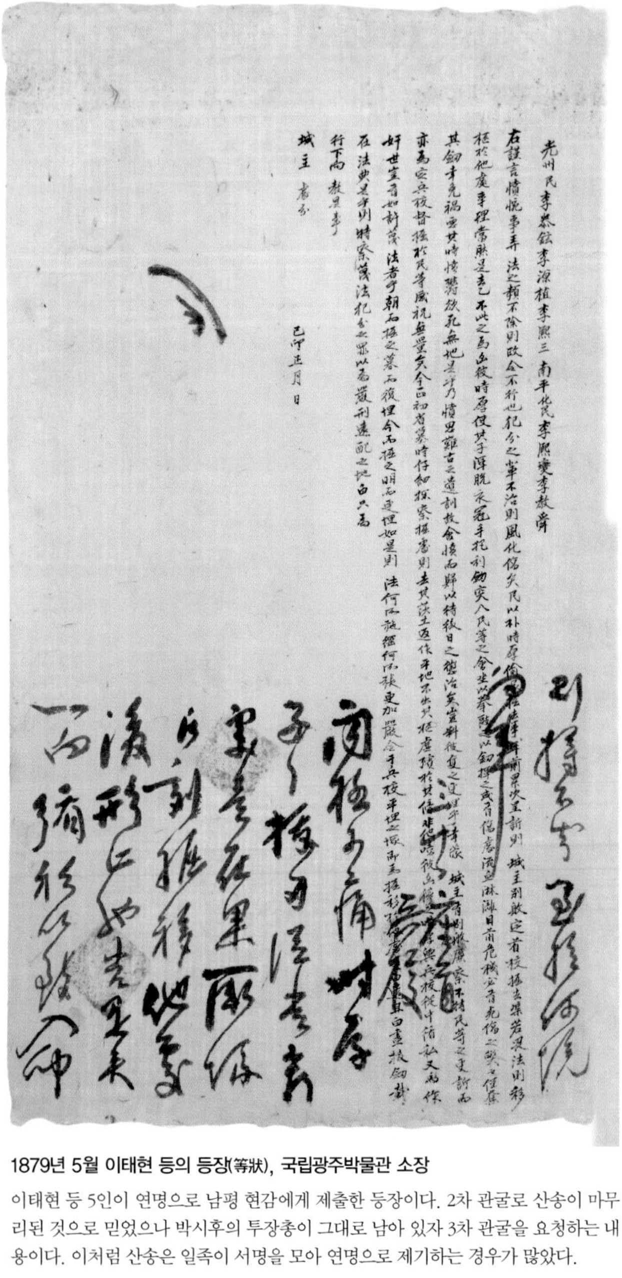

1879년 5월 이태현 등의 등장(等狀), 국립광주박물관 소장

이태현 등 5인이 연명으로 남평 현감에게 제출한 등장이다. 2차 관굴로 산송이 마무리된 것으로 믿었으나 박시후의 투장총이 그대로 남아 있자 3차 관굴을 요청하는 내용이다. 이처럼 산송은 일족이 서명을 모아 연명으로 제기하는 경우가 많았다.

조선의 묘지 소송

10 키워드 한국문화

조선의 묘지 소송

산송, 옛사람들의 시시비비

김경숙 지음

문학동네

차례

머리말 006

1_ 250년 동안 계속된 소송 009

윤관은 고려 재상, 심지원은 조선 재상 | 산송, 조선 후기의 대표 소송

2_ 종법 사회, 종산의 형성 021

종법 사회, 실전묘를 찾아서 | 처·외가, 종산의 출발

내외손, 이웃하는 종산

3_ 사대부에게 분묘의 의미는? 041

『경국대전』과 차등보수 | 『주자가례』와 택산

용호수호, 국법을 바꾸다 | 길지 열망, 투장으로 표출되다

4_ 소송장 풍경 073

투장의 여러 형태들 | 투장자와 금장자의 대결

체송, 그 끝없는 갈등의 끝은 어디인가

상언·격쟁, 국왕에게 호소하다 | 사굴, 차라리 유배를 택하다

삼굴삼장三掘三葬, 분산수호 작전

5_ 송추 투작과 송송松訟 121

산림 이용과 양산 금양권 | 송송, 송추를 지켜라

나무꾼과 땔나무

6_ 분산 수호와 공동체 원리 141

족계 결성과 공동 수호 | 촌락 공동체와 협력 체제

산송, 그 역사적 의미

주 154

참고문헌 160

키워드 속 키워드

1 종법 037 | 2 『주자가례』 068 | 3 풍수와 명당 070 | 4 상언 · 격쟁 117 | 5 소송절차 119 | 6 금송 정책 139

머리말

조선 양반들, 산송에 목숨 걸다

산송山訟은 현대인들에게 매우 낯선 용어다. 이 책의 독자들도 대부분 '산송이 무엇이지?'라는 의문과 호기심에서 책을 펼쳤을 것이다. 산송은 불과 100여 년 전까지만 해도 흔하게 접할 수 있었지만 오늘날에는 그 뜻마저 생소할 정도로 낯선 소송이 되었다.

산송은 문자적으로는 산과 관련된 민사 소송인데, 조선시대 사람들에게는 특히 묘지 소송을 의미하였다. 분묘 및 분묘 주변의 산지를 둘러싸고 발생한 소송이다. 조선시대에는 민사 소송을 사송詞訟이라 하였는데, 원고와 피고가 법정에서 말로써 다툰다는 뜻을 담고 있다. 노비 소송奴婢訟, 전답 소송田畓訟과 함께 산송은 조선시대를 대표하는 3대 사송이었다.

그런데 여느 소송과 달리 산송은 삼국시대 및 고려시대에도 찾아볼 수 없고 이웃하는 중국, 일본에도 없는 조선 후기 사회만의 특징적인 역사 현상이었다. 특히 16세기 후반을 전후해 등장하였는데 18, 19세기에 이르면 사회 전반에 걸쳐 광범위하게 발생하였다. 분묘를 수호하는 양반 사대부가라면 산송을 겪지 않은 집안이 없을 정도였다. 오늘날 양반 후손가의 고문서를 수집하는 과정에서 다량으로 발견되는 산송 관련 고문서가 당시의 상황을 생생하게 전한다. 이 책 또한 이들 고문서 자료를 바탕으로 하였다.

민사 소송은 경제적 이해관계의 대립이라는 특성을 띠는 경우가 많으며, 산송 또한 이러한 특성이 없지 않다. 그러나 경제적 이해관계만으로는 조선 후기 사회를 휩쓸었던 산송을 설명하기에 충분하지 않다.

조선은 유교 이념이 지배하는 사회로서 양반 사대부가 드러내놓고 경제 활동을 하거나 소송에 적극적으로 나서는 것을 기꺼워하지 않았다. 때문에 토지나 노비를 매매할 때도 노비를 대리인으로 내세웠으며, 청원서나 소장도 노비 이름으로 제출하는 경우가 많았다. 하지만 산송은 달랐다. 갓 쓰고 도포 입은 양반 사대부가 패싸움까지 벌이면서 목숨을 걸고 필사적으로 매달렸다. 명분과 체모를 중시하는 양반 사대부의 이미지와는 거리가 멀다. 뿐만 아니라 상중에는 진행하던 소송도 모두 중지해야 하는데, 상중에도 유일하게 허용된 소송이 바로 산송이다. 오히려 분묘를 조성하는 과정, 즉 상중에 산송이 발생하기 마련이었다. 때문에 산송에 휘말린 양반 사대부는 상복을 입고 송정訟廷, 소송이 진행되는 장소, 곧 오늘날의 법정에 드나들었다.

조선 후기 사람들은 왜 그렇게 치열하게 산송에 임했을까? 이 책은 그에 대한 해답을 찾는 과정이다. 하나의 사회적 현상은 그 시대 사람들의 삶과 가치관이 투영되고 그 사회의 구조와 특성이 응축되어 나타난 산물이다. 산송도 예외는 아니므로, 성리학적 이념에 철저하고 조상에 대한 효의식이 강한 조선 후기 사회의 특성을 바탕으로 산송의 배경과 전개과정을 살펴보았다. 이 책이 조상의 분묘를 지키려 한 조선 후기 사람들의 가치관과 삶의 방식을 그들의 입장에서 생각해볼 수 있는 계기가 되기를 바란다.

묘지를 둘러싼 분쟁은 분묘가 존재하는 한 어느 시대 어느 사회에서든 발생할 수 있다. 조선시대에는 분묘를 조성하고 수호하는 과정에서 산송이 발생했지만, 오늘날의 상황은 매우 달라졌다. 조선시대에는 불교식 화장 문화에서 유교식 매장 문화로 전환되면서 분묘의 중요성이 증대했다면, 현대 사회에서는 분묘 관리의 어려움과 묘지 부족으로 화장 문화가 다시 확산되고 있다. 종법질서의 해체로 분묘에 대한 인식도 많이 바뀌고 있다. 이러한 변화가 분묘나 납골당 등을 둘러싸고 어떠한 사회적 갈등을 야기할 것이며, 그 결과 어떠한 양상의 소송이 발생할 것인지 예측해보는 것 또한 오늘의 우리에게는 의미 있는 일일 것이다.

2012년 1월

김경숙

1

250년 동안 계속된 소송

산송은 노비 소송, 전답 소송과 더불어 조선시대 3대 소송으로 특히 18, 19세기에 집중적으로 전개되었다. 분묘를 수호하는 사대부가라면 산송에 휘말리지 않은 집안이 없을 정도로 산송은 한 시대를 풍미하며 거세게 휘몰아쳤다. 1727년 3월 영조는 "요사이 상언한 것을 보건대 산송이 10의 8, 9에 달한다"는 전교傳敎를 내려 산송의 유행을 개탄하였다.

山訟

作偷打破喪轝者依發塚未至棺槨之
三年○打喪轝至於犯柩者依發塚見
百流三千里○破金井毀築灰者依平
爲田園律杖一百○穿壙處放火或投

1765년영조 41 윤 2월 23일 깊은 밤, 왕의 행차가 경희궁 홍화문으로 향했다. 궁궐의 입직 당번인 옥당관 김노진金魯鎭 등이 깊은 밤중에 왕이 직접 궁궐문을 나서는 것은 국체를 손상하는 일이라며 만류했지만 영조는 이를 윤허하지 않았다. 오히려 옥당관을 체직遞職, 벼슬을 갈아냄하고는 홍화문으로 행차하였다. 그곳에는 심정최沈廷最와 윤희복尹熙復이 대기하고 있었다.

> 윤희복과 심정최는 대대로 명문대족으로서 조정의 덕의를 몸 받지 못하고 서로 다투어 번거롭게 잇따라 호소하니 엄중하게 처벌하지 않으면 무너지는 기강을 진정시키고 풍화를 진작시킬 수 없다.[1]

왕은 명망 있는 가문 출신인 두 사람이 소송에서 서로 한 치의 양보도 없이 대립하여 조정을 어지럽히는 상황에 매우 진노했다. 홍화문에 도착한 영조는 심정최와 윤희복 두 사람을 친히 심문하고 형장刑杖을 가한 후 유배형을 명하였다. 일흔 살이 넘는 노구老軀의 두 사람은 형장을 맞아 망가진 몸을 이끌고 귀양길에 올랐다. 결국 며칠 후, 윤희복은 귀양길 도중에 사망하고 말았다.

대체 이 두 사람은 무슨 일로 왕의 진노까지 사면서 죽음도 마다하지 않고 다투었을까?

윤관은 고려 재상, 심지원은 조선 재상

윤희복 집안에서는 몇 해 전부터 분묘墳墓, 무덤 하나를 찾고 있었다. 먼 조상인 고려 때의 시중侍中 윤관尹瓘, ?~1111 장군의 묘가 경기도 파주에 있었는데 수백 년이 흐르는 동안 실전失傳, 전해오던 분묘의 위치를 잃어버림하여 위치를 확인할 수 없었기 때문이다.

윤씨가에서는 윤관 묘가 경기도 파주의 분수원分水院에 있다는 옛 기록에 근거하여 그 일대를 찾아다니다 마침내 묘갈墓碣, 무덤 앞에 세우는 둥그스름한 작은 비석 두어 쪽을 발견했다. 그런데 공교롭게도 청송 심씨 심지원沈之源, 1593~1662 묘의 바로 아래쪽이었다. 윤씨가에서는 심지원의 후손들에게 묘를 이장해줄 것을 요구하였다. 그러나 심씨가에서는 백여 년 동안 아무 문제 없이 수호해온 조상묘를 이장할 수 없다고 맞섰다. 심지원은 효종 대에 영의정을 지낸 심씨가의 현조顯祖, 이름이 높이 드러난 조상로, 그의 아들 익현益顯이 효종의 딸 숙명공주淑明公主와 혼인하여 효종의 두터운 신임을 받았다. 효종이 승하하였을 때는 뒤를 이은 어린 현종을 보좌해 정무를 맡아보는 원상院相으로서 국상國喪을 총괄하였다. 심씨가에서 그런 현조의 분묘를 쉽사리 옮겨줄 리 없었고, 두 집안의 대립은 곧 법적 소송으로 발전하였다.

윤씨가와 심씨가의 분쟁처럼 분묘를 대상으로 전개되는 소송을 산송山訟이라 한다. 윤씨가와 심씨가의 산송은 일차적으로 분묘가 위치한 인근 고을인 고양, 파주, 교하에서 진행되었으나, 세 고을 수령이 차례로 소송인과 인척 관계라면서 모두 피혐避嫌하여 해결되지 못하고 경기도 관찰사를 거쳐 결국 조정으로까지 파급되며 걷잡을 수 없이 확대되었다. 두 집안 간의 산송으로 조정이 소란스러워지자 왕이 직접 나서서 화해를 주선하였다.

1764년영조 40 6월 14일 영조는 윤관과 심지원의 묘에 모두 제사를 하사하면서 각자의 묘를 수호하라 명하였다.

고려 시중 윤관과 고 상신相臣 심지원의 묘에 사제賜祭, 임금이 죽은 신하에게 제사를 하사함를 명하였다. 당초에 윤관과 심지원의 묘가 파주에 있었는데 윤씨가 먼저 입장入葬하였으나 해가 오래되어 잃어버리고 심씨가에서 외손으로서 그 산을 점령하고 묘를 썼다. 이때에 이르러 윤씨가 자손들이 산 아래에서 비석 조각을 습득하여 심씨가 자손과 쟁송하여 끝이 나지 않자, 왕이 양쪽 모두를 만류하여 다툼을 그치게 하고 각기 그 묘를 수호하여 서로 침범하지 말라고 명하였다. 윤관은 고려의 명재상이고 심지원은 우리 조선의 명재상이라 하여 똑같이 치제致祭한 것이다.[2]

윤관 장군 묘, 한국학중앙연구원 소장

영조는 윤관은 고려의 명재상이고 심지원은 조선의 명재상이니 어느 한 쪽에 치우칠 수 없다며 두 분묘 모두에 왕명으로 제사를 하사하였다. 그러면서 두 집안이 각각 묘를 수호하여 서로 침범하고 다투지 말 것을 당부하였다.

그러나 왕의 중재도 별다른 효과를 거두지 못하고 산송은 계속되었다. 윤씨가 후손들이 심지원 분묘 앞의 계체階砌, 무덤 앞에 편평하게 만든, 길게 다듬어 놓은 돌를 허물었고 심씨네가 여러 사람을 이끌고 와서 윤씨가 사람들을 두들겨 쫓아내는 사태까지 일어났다. 양측은 서로 잇달아 상언上言과 격쟁擊錚을 올려 왕에게 억울함을 호소하였다. 결국 국가의 기강과 풍화를 바로 잡겠다고 결단을 내린 영조는 홍화문에 행차해 두 집안의 대표자인 윤희복과 심정최를 직접 심문한 뒤 유배를 명하였다.

이처럼 유배를 당하고 죽음에 직면한 상황에서도 두 집안의 분쟁은 해결될 줄 몰랐다. 산송은 조상묘를 수호하고자 하는 위선의식爲先意識과 함께 가문의 사회적 위상과 명예가 달린 민감한 사안이었으므로 가문의 모든 구성원이 참여하여 필사적으로 저항하였다. 그 때문에 왕권으로도 이를 진정시킬 수 없었다. 두 집안의 산송은 이후로도 대를 이어가며 계속되다가 2010년, 윤씨 측에서 이장 부지를 제공하고 심씨 측에서 심지원의 묘를 이장함으로써 250여 년 만에 극적으로 해결되었다.

산송, 조선 후기의 대표 소송

산송은 노비 소송, 전답 소송과 더불어 조선시대 3대 소송으로 특히 18, 19세기에 집중적으로 전개되었다. 분묘를 수호하는 사대부가라면 산송에 휘말리지 않은 집안이 없을 정도로 산송은 한 시대를 풍미하며 거세게 휘몰아쳤다.

1727년영조 3 3월 영조는 "요사이 상언한 것을 보건대 산송이 10의 8, 9에 달한다"는 전교傳敎를 내려 산송의 유행을 개탄하였다. 실학의 집대성자로 잘 알려진 다산 정약용丁若鏞, 1762~1836 또한 19세기 초반 강진 유배생활1801~1818 중에 저술한 『목민심서牧民心書』에서 "묘지 소송이 요즈음

폐속弊俗이 되었는데 투구지살鬪毆之殺, 싸우고 때려 죽임의 절반이 이 때문이다"라고 지적할 정도였다. 실제로 현재까지 전하는, 오늘날 청원서 및 소장에 해당하는 소지所志의 대부분이 산송과 관련된 것으로 당시의 상황을 그대로 반영한다. 산송은 조선 후기의 대표적인 사회 갈등 현상이었던 것이다.

그렇다면 산송은 어디에서 유래하였을까? 산송이라는 명칭이 『조선왕조실록』에 처음 등장하는 것은 현종 대이다. 1664년현종 5 11월 사간원에서 산송을 지연시킨 경기도 관찰사 이시매李時梅의 파직을 요청하면서 다음과 같이 언급하였다.

> 성운한成雲翰의 산송에 관한 곡직曲直, 사리의 옳고 그름은 원고와 피고의 말을 들어보면 즉시 분별할 수 있는데도 경기도 관찰사 이시매는 세 번이나 재판관을 바꾸고 다섯 달 동안이나 질질 끌었습니다. 운한이 격쟁한 뒤에 의금부에서 담당 관청으로 하여금 복계覆啓, 임금에게 그 결과를 보고함하도록 청하여 상께서 윤허하셨는데도 석 달이 지나도록 아직껏 거론하지 않으니, 직무를 포기한 것이 이를 데 없습니다. 시매를 파직하고 형조의 해당 당상과 낭청을 추고推考, 죄과를 추궁하여 심문함하소서.[3]

소송의 발단은 조아무개가 선산에 투장偸葬, 남의 산이나 묏자리에 몰래 자기 집안의 묘를 씀하였다고 성운한이 올린 소지였다. 이는 국왕에게 직접 억울함을 호소하는 격쟁으로까지 확대되었다. 격쟁을 하면 왕이 담당 부서에 명을 내리고 왕명을 받은 부서에서 다시 해당 지역의 관찰사에게 조사 명령을 내리는데, 경기도 관찰사인 이시매가 수개월 동안 재판을 지연하고 상부에 보고도 하지 않았으니 그의 책임을 묻자는 것이다. 이 기사로 볼 때, 산송 문제로 격쟁을 하는 것이나 산송이라는 용어가 이미 일상화되어 있음을 알 수 있다. 이는 산송이 하나의 사회 현상으로 확립되어 있음을 반영한다.

이와 비슷한 시기에 법전에도 '산송'이라는 용어가 등장하기 시작한다. 법전은 한 시대의 삶과 가치관을 공식적이고 종합적으로 결집한 산물이므로 당대인의 관념 및 가치관을 파악할 수 있는 좋은 자료이다. 조선시대 법전에서 산송은 『수교집록受教輯錄』「예전禮典」 상장조喪葬條에 처음 등장한다.[4] 1686년숙종 12의 수교受教, 각 관서에서 받아들인 왕명에서는 산송을 다음과 같이 규정하였다.

> 경외京外의 산송은 한결같이 병진년1676, 숙종 2 수교에 따라 시행한다. 용호龍虎, 분묘의 왼쪽과 오른쪽 산줄기가 아주 넓고 멀리 미쳐서 혹 5, 6백 보에 이르게 되어 한결같이 용호로써 기준을 삼을 수 없는 경우에는 오직 송사를 담당하는 관리의 재량에 달려 있으니, 산세의 멀고 가까움과 피차의 분묘 형국을 참작하여 처결處決한다.[5]

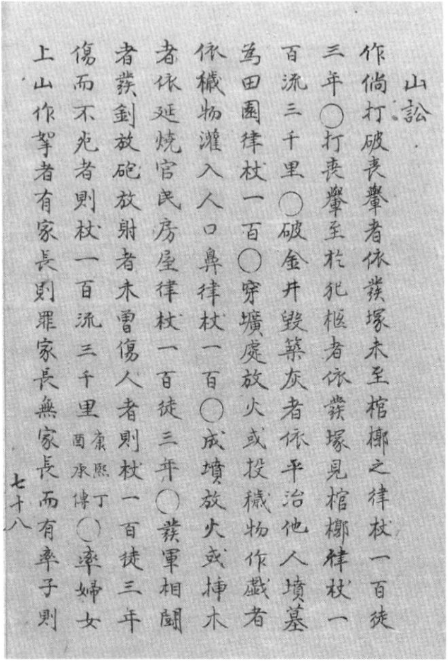
山訟
作偷打破喪轝者依發塚未至棺槨之律杖一百徒
三年○打喪轝至於犯柩者依發塚見棺槨律杖一
百流三千里○破金井毁築灰者依平治他人墳墓
為田園律杖一百○穿壙處放火或投穢物作戲者
依穢物灌入人口鼻律杖一百○成墳放火或揷木
者依延燒官民房屋律杖一百徒三年○發軍相鬪
者發劍放砲放射者未曾傷人者則杖一百徒三年
傷而不死者則杖一百流三千里康熙丁酉承傳○率婦女
上山作拏者有家長則罪家長無家長而有率子則
七十八

「신보수교집록」「예전」 산송조, 서울대학교 규장각한국학연구원 소장

17세기 후반, 법전에 산송이 등장했다는 사실은 그 시기를 전후해 산송이 사회적 현상으로 대두하였음을 뜻한다. 그 후 산송에 관한 수교는 점차 증가하고 그 중요성도 높아져서 18세기 중반 영조 대에 이르면 『신보수교집록新補受教輯錄』에 독립 항목으로 설정되어 「예전禮典」에 실린다. 15세기에 편찬된 『경국대전』에는 없었던 법률 항목이 시대의 흐름을 반영해 새롭게 등장한 것이다.

『신보수교집록』「예전」 항목 구성

순서	항목 이름	수교 수	순서	항목 이름	수교 수
1	제과(諸科)	25	8	반빙(頒氷)	4
2	의장(儀仗)	3	9	혜휼(惠恤)	50
3	제례(祭禮)	4	10	경외관영송(京外官迎送)	3
4	입후(立後)	1	11	경외관상견(京外官相見)	2
5	혼가(婚嫁)	1	12	잡령(雜令)	20
6	산송(山訟)	24	13	대사객(對使客)	1
7	장권(奬勸)	5	14	용문자식(用文字式)	1

「예전」은 총 14항목, 144건의 수교로 구성되는데, 산송은 여섯번째 항목으로 설정되어 있다. 산송과 관련해 총 24건의 수교가 실려 있는데, 산송의 다양한 형태와 소송 절차에 관한 사항을 정리하였다. 「예전」에 수록된 다른 수교의 건수와 비교해보더라도, 사회보장과 관련된 항목인 혜휼과 과거시험과 관련된 항목인 제과 다음으로 비중이 높아 그만큼 사회적 수요와 법률적 필요성이 급증하였음을 확인할 수 있다.

여기서 주목해야 할 현상이 있다. 산송이 소송임에도 불구하고 여느 소송과 달리 「형전」이 아닌 「예전」에 수록됐다는 점이다. 이는 『신보수교집록』보다 앞서 간행된 『수교집록』에서 산송 관련 규정을 「예전」 상장조에 수록한 것을 계승한 결과지만, 한편으로는 조선시대 사람들에게 산송은 물질적 이권利權보다는 상장례喪葬禮 절차상 발생하는 갈등 현상으로 인식되었음을 의미한다.

산송이라는 명칭의 등장과 법전에 독립 항목으로 정착되는 과정은 한 시대를 풍미한 산송의 역사적 배경을 이해하는 출발점이 된다. 이어지는 장에서 산송의 등장 배경을 좀 더 구체적으로 살펴보고자 한다. 2장에서는 시대 이념의 변화에 따른 사회의 변동, 3장에서는 사회 변동을 반영하는 제도 변화를 중점적으로 다룰 것이다. 여기에서 우리는 조선시대 사람들의 상장례 및 분묘에 대한 인식에는 그들의 삶의 방식과 가치관, 그리고 그들이 살았던 사회의 특성이 고스란히 투영되어 있음을 잊지 말아야 한다.

2

종법 사회, 종산의 형성

종법질서가 확립되면서 실전묘 회복과 함께 부계 조상의 분묘가 한곳에 집중되어갔다. 이른바 종산宗山의 출현이었다. 종산은 앞서 언급했듯이 외가나 처가 산에서부터 형성되는 경우가 많았다. 외손 또는 사위로서 외가나 처가의 분산 밀자락에 들어갔다가 그 자손들이 잇따라 계장하면서 부계 분묘가 집중되어 점차 외손이나 사위 집안의 종산으로 변해갔다.

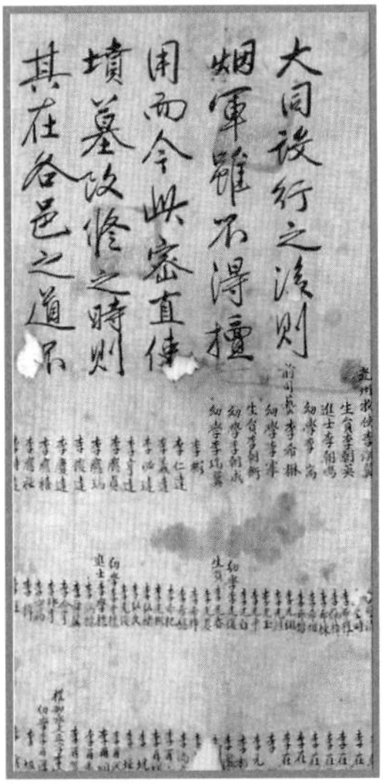
大同設行之後則
烟軍雖不得擅
用而今與客直使
墳墓役修之時則
其在各邑之道不

종법 사회, 실전묘를 찾아서

파평 윤씨 윤희복과 청송 심씨 심정최의 산송으로 다시 돌아가보자. 두 집안의 산송은 수백 년 동안 그 위치가 불명확했던 윤관의 분묘를 회복하는 과정에서 비롯됐다. 윤씨가에서는 먼 조상의 묘를 왜 수백 년이 지나고서야 다시 찾으려 했을까?

고려시대처럼 양측적 친속 관념의 원리가 작용하는 사회에서는 부계 원대遠代 조상에 대한 인식이 그렇게 강하지 않았다. 혼인 풍습에서도 남자가 처가에서 일정 기간 사는 남귀여가혼男歸女家婚이 널리 행해졌기 때문에 남성이 처가 쪽에 거주하다가 사망 후에 처가 쪽 묘역에 묻히는 일도 드물지 않았다. 이러한 상황은 부계 조상의 분묘가 여기저기 흩어지는 결과를 가져왔다. 원대 조상의 분묘는 몇 세대 지나지 않아 이름 모를 고총古塚이 되고 세월과 함께 실전하는 것은 자연스러운 현상이었다.

그런데 유교 이념을 내세운 조선의 건국 이후 상황은 점차 변해갔다. 16세기 이래, 성리학에 근거한 종법宗法질서가 확립되면서 부계의식은 강화되었고 유교식 상장례가 확산되어갔다. 사람들은 조상의 분묘를 단장하고

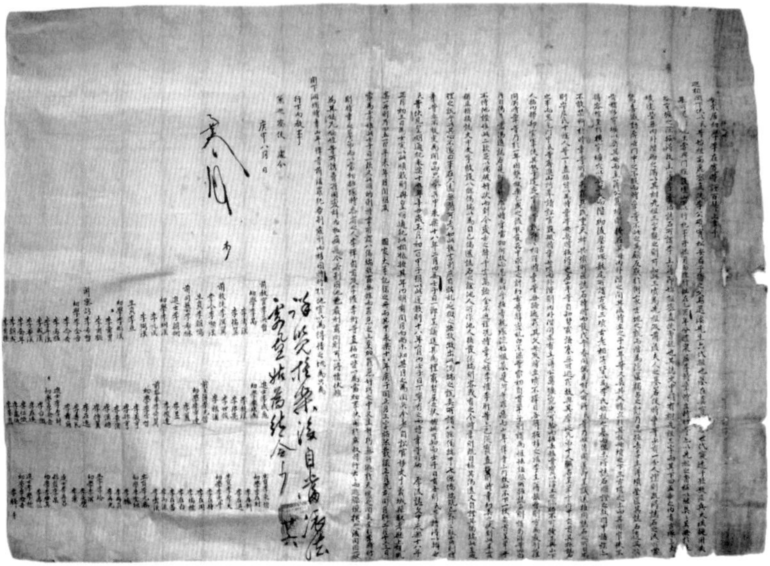
이재관 등의 상서(上書), 한국학중앙연구원 소장

묘역을 조성하는 일에 관심을 쏟기 시작했다. 특히 부계 조상의 분묘를 수호하고 실전한 원대 조상의 분묘를 회복하려는 노력이 위선 사업爲先事業 차원에서 활발히 추진되었다. 이러한 사회적 추세 속에서 윤씨가도 먼 조상인 윤관의 분묘를 찾기 시작한 것이다.

안동 권씨가의 경우 윤씨가보다 훨씬 이른 시기인 성화成化, 명나라 헌종 때의 연호 연간1465~1487에 이러한 과정을 거쳤다. 안동 권씨 집안은 나말여초의 호족 세력인 권행權幸을 시조로 하는데 6, 7백 년이 지나는 동안 분묘를 실전해 그 위치를 파악하지 못했다. 그러던 중 권행의 18대손인 평창군사

平昌郡事 권옹權雍이 이조정랑吏曹正郎 배소裵素의 사위가 되어 풍산현 하회 마을에 들어와 살게 되었다. 하루는 권옹이 『동국여지승람東國輿地勝覽』을 보다가 시조인 권행 묘의 소재에 대해 알게 된다. 그는 『동국여지승람』의 기록을 토대로 풍산현 동쪽 천등산에서 권행의 분묘를 찾아낸다.[6] 이로써 안동 권씨가는 수백 년이 지난 후에야 비로소 오랜 동안 실전했던 시조묘를 회복해 다시 수호할 수 있게 되었다.

실전묘를 찾는 사업은 17세기 이후 본격화되어 각 가문에서는 시조 및 원대 조상의 실전 분묘를 회복하기 위한 노력을 적극적으로 추진하였다. 진성 이씨 시조인 이석李碩의 분묘와 안동 주촌의 입향조入鄕祖, 어떤 마을에 맨 먼저 정착한 사람이나 조상인 이운후李云侯의 분묘 또한 이 시기에 모두 회복되었다.

고려 때 인물인 이석의 분묘는 경상도 진보현 남쪽 기음곡촌에 있었는데, 자손들이 각지로 흩어지고 세대가 멀어지면서 자연스럽게 실전되었다. 1645년인조 23에 이석의 후손인 이시장李時章 삼형제가 모친의 분묘를 기음곡에 조성하는 과정에서 우연히 지석誌石, 고인의 인적 사항이나 무덤의 소재를 기록하여 묻은 판석 하나를 발견하였다. 이양호라는 인물의 지석으로 거기에 "선조의 묘에 부장附葬, 합장한다"고 기록되어 있었다. 이양호는 이석의 증손자였으니 그 지석에 근거해 지석이 발견된 분묘 조성지에서 4, 5보쯤 아래에 있는 고총 3기가 이석과 두 부인의 분묘임을 짐작할 수 있었다.

이 시점에서 시장 삼형제는 갈등에 휩싸였다. 이석의 분묘를 찾았다고 문중에 알려야 했지만 그 경우 모친의 분묘 조성은 포기해야 했기 때문이다. 결국 그들은 문중에 알리지 않고 지석을 숨긴 채 모친의 분묘 조성을 그대로 추진하였다. 그러나 33년이 지난 1678년숙종 4 어느 봄, 마을 사람이 우연히 지석을 발견함으로써 그 사실이 드러났다. 결국 문중에서 시장 형제에게 모친의 분묘를 파낼 것을 요구하였고 이는 족인族人 간의 산송으로 확대되었다.[7]

이운후의 경우도 마찬가지였다. 이운후는 진성 이씨의 안동 입향조이자 퇴계 이황의 고조부로, 안동부 동쪽 가구산에 분묘가 있었고 그의 처 안동 권씨의 분묘는 안동부 북쪽 수리동에 조성되었다. 이운후 내외가 입장한 후의 분묘 수호 및 묘제墓祭, 무덤 앞에서 지내는 제사는 내외 자손이 분묘를 하나씩 나누어 담당하였다. 가구에 사는 외손가는 가구산에 있는 이운후 분묘를, 주촌에 사는 본손들은 수리동의 안동 권씨 분묘를 수호하면서 묘제를 담당하였고 이는 그 후손들에게도 그대로 이어졌다.

그런데 점차 세대가 바뀌면서 언제부터 외손가에서는 이운후의 묘제를 지내지도 분묘를 돌보지도 않게 되었다. 반면 부계 조상의 분묘 수호에 대한 인식이 강화되면서 주촌에 사는 본손 측에서는 가구산의 분묘를 되찾고자 하였다. 그러나 그때는 이미 실전하여 이운후 분묘의 위치를 기억하는 후손이 없었다. 어쩔 수 없이 이씨가에서는 이운후의 묘제를 안동 권씨의 분묘에서 함께 지내야 했다.[8]

16세기 중반에 이르러 퇴계 이황은 실전한 입향조의 분묘를 찾기 위해

안동 이씨 주촌파 종택, 한국학중앙연구원 소장

백방으로 노력을 기울였다. 그 과정에서 가구에 사는 외손가의 후손들에게 도움을 요청하였으나, 그들도 기억이 분명치 않다면서 분묘의 위치를 정확하게 짚어주지 못했다. 결국 이황은 분묘를 찾지 못한 채 세상을 떠나야 했다. 17세기 초반이 되어서야 분묘의 위치에 관한 단서를 얻을 수 있었다. 진성 이씨가의 후손인 이경준이 상갓집에 조문하러 갔다가 유의남에게 '어머니가 어릴 때 사람을 따라 정원로의 모친이운후의 친손녀 분묘에 갔었는데 제사가 끝나고 다시 이운후 분묘로 추정되는 조상묘에 제사드리는 것을 보았다'는 말을 듣게 된다. 이씨가에서는 이를 근거로 마침내 이운후 분묘를 다시 찾을 수 있었다.

그런데 분묘를 찾은 후에 더 큰 문제가 기다리고 있었다. 외손가인 정씨 집안에서 분묘 주변 여기저기에 묘를 써서 그곳은 이미 정씨가의 족장지族葬地로 바뀌어 있었다. 정씨가에서는 외가의 분묘를 수호하면서 자연스럽게 계장繼葬, 조상의 무덤 아래에 잇대어 자손의 묘를 씀하였을 것인데, 세대가 멀어지면서 외가의 분묘는 실전해 이름 없는 고총이 되고 정씨가의 분묘를 중심으로 자연스럽게 정씨가 족산이 형성되었던 것이다.

이씨가는 되찾은 시조묘를 복구 및 단장하는 과정에서 정씨가와 충돌할 수밖에 없었다. 이런 갈등 때문인지 분묘를 확인하고 십여 년 후인 1643년인조 21에 이르러서야 이씨가에서는 분묘의 봉분을 단장했고, 1670년현종 11에서야 갈석碣石, 지붕돌을 얹지 않고 머리 부분을 둥그스름하게 만든 작은 비석을 세울 수 있었다.[9] 윤관 분묘의 회복과정에서 윤씨가와 심씨가 사이에 산송이 발생한 것과 마찬가지 상황이었다고 할 수 있다.

처·외가, 종산의 출발

종법질서가 확립되면서 실전묘 회복과 함께 부계 조상의 분묘가 한곳에 집중되어갔다. 이른바 종산宗山의 출현이었다. 종산은 앞서 언급했듯이 외가나 처가 산에서부터 형성되는 경우가 많았다. 외손 또는 사위로서 외가나 처가의 분산 밑자락에 들어갔다가 그 자손들이 잇따라 계장하면서 부계 분묘가 집중되어 점차 외손이나 사위 집안의 종산으로 변해갔다.

인물 \ 위치	본인 분묘 위치	부인 분묘 위치
7대조 유보(柳葆)	예천군 남등산(南登山)	예천군 남등산 추정
6대조 유종혜(柳從惠)	풍산 북면 자을파산(玆乙坡山)	예천 임씨 안동부 마감모산(痲甘毛山) 안동 권씨 실전
5대조 유홍(柳洪)	풍산 서면 막동여자지내 (幕洞女子池內)	일선 김씨 실전 창녕 조씨 풍산 북면 자을파산
고조 유소(柳沼)	안동부 천등산(天燈山)	안동 권씨 천등산(부군합장)
증조 유자온(柳子溫)	안동부 천등산	안동 김씨 천등산(부군묘 뒤)
조 유공작(柳公綽)	군위현 송현산(松峴山)	연안 이씨 군위 송현산(부군묘 오른쪽)
부 유중영(柳仲郢)	안동부 천등산	안동 김씨 천등산(부군합장)
형 유운룡(柳雲龍)	안동부 천등산	철성 이씨 천등산(부군묘 뒤)
제 유성룡(柳成龍)	안동부 수동리(壽洞里)	전주 이씨 군위현 송현
누이 김종무처(金宗武妻)	안동부 천등산	
누이 정호인처(鄭好仁妻)	안동부 천등산(후에 광주廣州 시댁 선산으로 이장)	

이 같은 변화과정이 잘 나타나는 대표적인 사례가 경상도 안동 지역 유성룡柳成龍가의 종산이다. 이 집안도 다른 집안과 마찬가지로 선대의 분묘를 모두 실전했다. 그나마 다행히 유성룡의 7대조 유보柳葆 분묘까지는 전하고 있었다. 유성룡가 선대 분묘의 위치를 도표로 정리하면 위와 같다.[10]

도표를 보면 7대조 유보부터 5대조 유홍까지는 가족 세장지가 없고 분묘가 여러 곳에 흩어져 있음을 확인할 수 있다. 7대조 유보 부부의 분묘는 예천군에 위치해 안동부의 경계에서 벗어나 있고, 다른 분묘는 대체로 안동부 내의 풍산현과 가까운 곳에 위치하였다. 그런데 고조부 유소 이후로는 원대 조상과 달리 안동부 서쪽 20여 리, 풍산현 동쪽에 위치한 '천등산'에 분묘가 집중된다.

천등산에는 본래 안동 권씨의 시조인 권행의 분묘가 있었다. 실전했던 분묘를 그의 후손 권옹이 하회마을에 장가들어 살면서 다시 찾아 수호하였다고 앞서 언급한 바 있다. 권옹이 세상을 떠난 후 그의 아들 권유權裕와 권작權綽은 다시 고향인 평창으로 돌아갔다.

유성룡의 고조부 유소가 바로 그 권옹의 사위였는데 권옹의 아들이 안동을 떠난 뒤 유소 부부가 처가 산인 천등산에 입장함으로써 풍산 유씨 종산 형성의 기틀을 마련하였다.[11] 그 후로 후손들의 계장이 이어졌다. 유소의 아들 유자온은 처음엔 하회마을 뒷산인 화산花山에 안장했다가 천등산으로 이장하였다. 1518년중종 13에는 유자온의 처가 사망하여 천등산에 입장하려 하였다. 바로 그때, 안동 권씨가에서 유자온 처의 입장을 금지하면서 두 집안 사이에 마찰이 발생하였다. 후손 유운룡은 당시의 상황을 다음과 같이 기록하였다.

> 후에 부인이 죽자 천등산 산록 남편 곁에 묘를 쓰고자 하였다. 그때 태사공 권행의 후손인 권균權均이 정승이었는데, 참언하는 사람이 "태사공의 계체를 철거하여 사용하려 한다"고 이간질하였다. 권균이 크게 노하여 안동부에 공문을 보내 천등산에 묘를 쓰는 것을 금지했다. 이에 조부 참판공 유공작께서 서울에 올라가 상복을 입고 정승집 문 앞에서 지키고 서 있기를 한 달이 넘도록 하였다. 매번 정승이 나오면 조부께서 길옆에 엎드리는

것이 오래되어 권균이 불러 물으니, 자손들이 계장한 내력과 산세의 원근을 상세히 설명하였다. 이에 권균이 애초의 마음을 돌려서 금장禁葬을 풀어주어 마침내 같은 영역에 안장할 수 있었다.[12]

안동 권씨가에서는 시조 권행의 분묘를 훼손한다는 명분으로 유자온 처의 천등산 입장을 금장하였다. 그 과정에서 권행의 본손으로, 당시 정승이던 권균이 안동부에 압력을 가했다. 분묘 조성을 하려면 권균의 허락이 필요했다. 이를 위해 유자온의 아들 유공작은 상경해 매일같이 권균의 집을 찾아갔으나 권균이 만나주지 않았다. 결국 한 달여 만에 유공작은 권균을 만나 사정을 설명하고 애걸하여 입장을 허락받을 수 있었다.

유자온의 처를 입장함으로써 유씨가는 천등산을 수호하게 되었고, 이후로 아들 유중영 부부와 손자 유운룡 부부 및 유성룡 등 후손들이 잇달아 계장함으로써 천등산은 유씨가의 종산으로 굳어졌다. 결국 풍산 유씨가는 유소가 처가 산에 입장한 것을 시작으로 그 후손들이 외가 산에 계장하면서 종산을 형성하였다.

풍산 유씨가는 종산의 형성과 함께 조상의 분묘에 비석을 세우고 묘역을 정비하는 분묘 단장이나 묘제를 거행하는 등의 위선 사업을 활발하게 추진하였다. 특히 16세기 후반 유중영과 유운룡, 유성룡 등 세 부자를 거치면서 묘지墓誌, 죽은 사람의 이름, 신분, 행적 등을 기록한 글와 묘갈을 마련하고 제위전祭位田, 제사 비용을 충당하기 위한 전답을 설정하는 등 선영 수호 사업을 집중적으로 추진하였다. 이를 위하여 족인들이 한데 모여 분묘 수호에 관한 입약立約을 마련하였다. 입약을 통해 각 분묘는 그 부근에 사는 자손이 묘제와 분묘 수호를 나누어 담당하고, 매년 한 차례씩 하회마을에 있는 종가에서 모임을 가질 것을 약속하였다.[13] 선영 수호와 묘제를 매개로 족인들이 조직을 형성하고 결속력을 공고히 다진 것이다.

유씨가의 사례에서 확인할 수 있듯이 종산은 처가 산 또는 외가 산에서 시작하는 경우가 많았고, 그 전환과정에서 본래의 소유주인 처가나 외가와 마찰이나 분쟁이 발생하곤 했다. 다행히 유씨가는 소송으로 확대되기 전에 권씨가와 합의해 원만하게 해결했지만, 서로 양보하지 않는 경우에는 결국 소송으로 이어지기 마련이었다.

내외손, 이웃하는 종산

한편, 분쟁이 발생하지 않고 원만하게 전환되었다 하더라도 종산이 확립된 이후에도 분쟁의 씨앗은 존재하였다. 내외가의 종산이 인접하고 있기 때문에 어떠한 계기만 생기면 곧바로 경계 분쟁으로 발전할 수 있었다.

1807년순조 7 노상추盧尙樞, 1746~1829와 박춘로朴春魯, ?~?의 산송은 이러한 상황에서 발생하였다.[14] 노씨가는 김종직의 문하생이었던 노종선盧從善, 1430~?이 경상도 선산에 입향한 이후 4백여 년 동안 그곳에서 세거世居한

무반 가문이었다. 원고 노상추는 노종선의 11대손이었고 피고 박춘로는 노씨가의 4세손 노사성盧師聖의 사위였던 이민선李敏善의 사위 박정실朴鼎實의 후손이었다.

내외손 관계인 두 집안이 소송에 휘말리게 된 발단은, 바로 경계를 맞댄 종산이었다. 노상추가 국왕 순조에게 올린 상언의 일부를 살펴보자.

> 신의 11대조 첨정공僉正公 종선이 대대로 선산부 상구미면 성남촌에 거주하였는데, 문간공文簡公 김종직의 문하에서 수업하여 학문에 연원이 있습니다. 그가 세상을 떠나자, 살던 마을 왼쪽에 안장安葬하였습니다. 이른바 성남동은 저희가 전후로 6, 7백 년 동안 생전에는 살고, 죽어서는 묻히는 곳입니다.
>
> 신의 11세 방계 할아버지 노계종盧繼宗의 자손들도 이곳에 살았습니다. 그의 4세손 노사성은 후손이 없어 전답 등의 재산을 사위인 현감 이민선에게 상속하였고, 민선 또한 그의 재산을 사위 박정실에게 분급分給하였습니다. 이민선의 후손들은 지금까지 신의 선조묘 오른쪽 골짜기에 살면서 대대로 오른쪽에 입장하였고, 박정실의 후손들은 지금까지 왼쪽 골짜기에 살면서 왼쪽에 입장하였습니다. 이처럼 경계를 나누어 정하고 서로 침범하지 않은 지가 2백여 년입니다.[15]

상언에 의하면 선산 입향조인 노종선은 세상을 떠난 후 생전에 살던 마

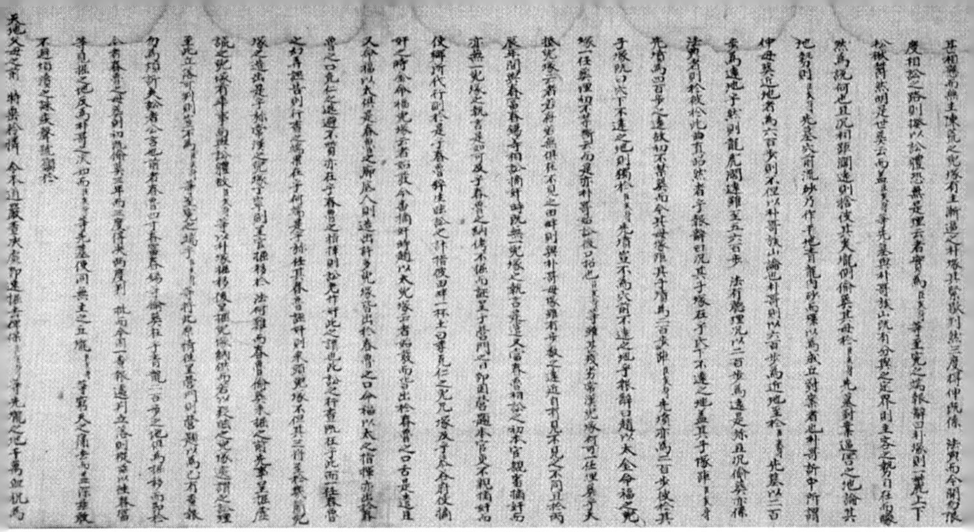

노상추 격쟁원정(擊錚原情) 중 일부

을 왼쪽 산록에 묘를 조성하였다. 이를 시작으로 그의 후손들이 대대로 계장하여 성남촌 산록은 노씨가의 종산을 이루었다. 다른 사대부가와 마찬가지로 종산의 형성 초기에는 이 집안 사위들도 성남촌 산록에 입장해 내외손이 공존했다.

이민선은 노사성의 사위 자격으로, 박정실은 이민선의 사위 자격으로 각각 성남촌에 입장하였다. 그들은 처가살이를 하다가 그곳에서 죽어 처가 산록에 묘를 쓴 것이다. 그런데 종법의식이 점차 강화되면서 이민선과 박정실의 후손들은 처가살이를 하지 않게 되었고 분묘 또한 성남촌의 조상묘에 계장하면서 독자적인 종산으로 발전해갔다.

이에 따라 성남촌 산록은 노상추가의 종산을 중심으로, 오른쪽 골짜기는 이민선의 후손이, 왼쪽 골짜기는 박정실의 후손이 차지해 세 집안의 종

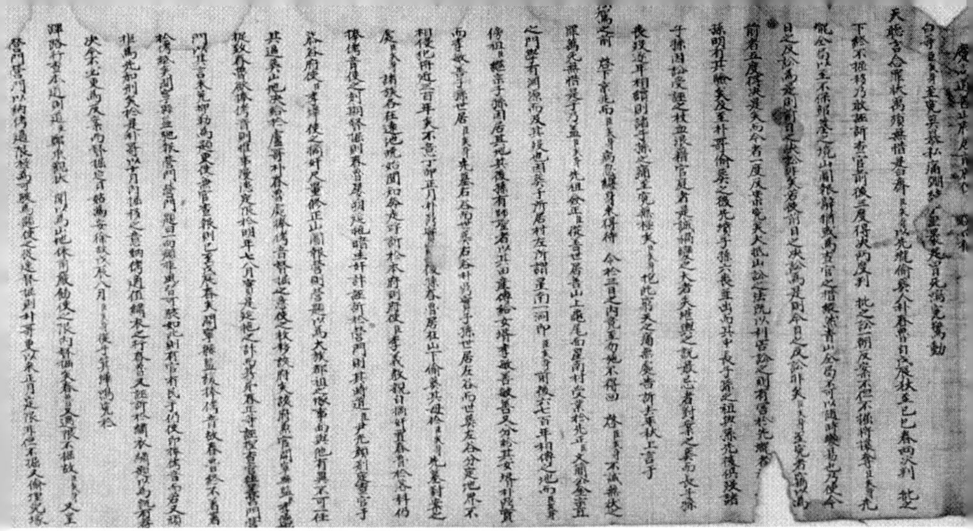

산이 서로 경계를 맞대어 수호하였다. 새로운 분묘를 추가로 조성할 경우 세 집안 사이에 충돌과 분쟁의 가능성은 항상 잠재해 있었다.

19세기 초반에 이르면 이러한 가능성은 현실화하여 분쟁으로 표출되었다. 그 도화선이 된 것은 1807년순조 7 1월 박씨가의 새로운 분묘 조성이었다. 산 아래 사는 박정실의 후손 박춘로가 모친상을 당하여 종산에 분묘를 썼는데, 그 위치가 공교롭게도 노씨가 분묘의 건너편이었다. 풍수지리상 안산案山, 집터나 묏자리의 맞은편 산에 해당하는 곳으로 건너편에 위치한 분묘가 보이지 않으면 크게 문제되지 않는 위치였다. 그러나 이 경우에는 애매했는지, 노상추가에서는 조상묘가 바라보이는 대안지처對案之處라고 주장하며 즉시 금장하고 나섰다. 이에 박춘로 측은 그곳이 자기 집안의 세장지世葬地라고 항변하면서 노씨가가 광점廣占, 땅을 넓게 차지함한다고 주장하였다.

이는 결국 노씨가의 세장지가 분화하며 형성된 외손 계열인 이씨가와 이씨가의 외손 계열인 박씨가의 세장지가 연접한 상황에서 분산수호권墳山守護權이 충돌해 발생한 사건이었다. 두 집안은 한 치도 양보하지 않으며 팽팽하게 맞서 결국 산송으로 발전했다.

키워드 속 키워드 1

종법

종법은 종가宗家를 중심으로 여러 방계 친족들을 결속시키는 친족 편제 및 가계 계승의 원리다. 종법의 핵심은 종자宗子 즉 적장자가 가계를 계승하며 제사를 지내는 장자 상속제다.

기원전 12세기 이전, 은殷 왕실의 종묘 제사에서 시작된 종법은 주周나라와 춘추전국시대를 거치며 고전적 예제로 정착해 후대 동아시아의 정치·사회에 막대한 영향을 끼쳤다. 그 구조와 원리는 『예기禮記』 및 『의례儀禮』 등 유교 경전에 성문화되어 후세에 표준이 되었다. 『예기』 「대전大傳」의 종법 내용은 다음과 같다.

> 별자別子가 조祖가 되고, 별자를 계승하는 이가 종宗이 되며, 아버지를 계승하는 이는 소종小宗이 된다. 백세토록 옮기지 않는 종이 있고 5세가 되면 옮기는 종이 있다. 백세토록 옮기지 않는 종은 별자의 후손으로 별자의 출계出系, 그 집의 대를 이음한 자를 계승하여 종으로 삼아 백세토록 옮기지 않는 것이며, 고조부를 계승하여 종으로 삼는 경우는 5세가 되면 옮기는 것이다.

이 내용을 정리하면, 제후의 아들 중에서 적장자를 제외한 아들을 별자라 한다. 적장자는 제후를 계승하고 별자는 각각 새로운 하나의 종을 이루어 시조가 된다. 이를 대종大宗이라 한다. 별자의 적장자는 대종을 계승하고, 별자의 중자는 다시 별도의 종을 이루는데 이를 소종이라 한다. 대종은 백세토록 변함없지만 소종은 5세가 되면 친족의 범위에서 벗어난다. 이에 따라 대종은 백세토록 신주를 옮기지 않고 유지하지만 소종은 5세가 되면 신주를 옮긴다. 「조선 초기 종법의 수용과 여성지위의 변화」에 정리된 〈종법도宗法圖〉는 다음과 같다.

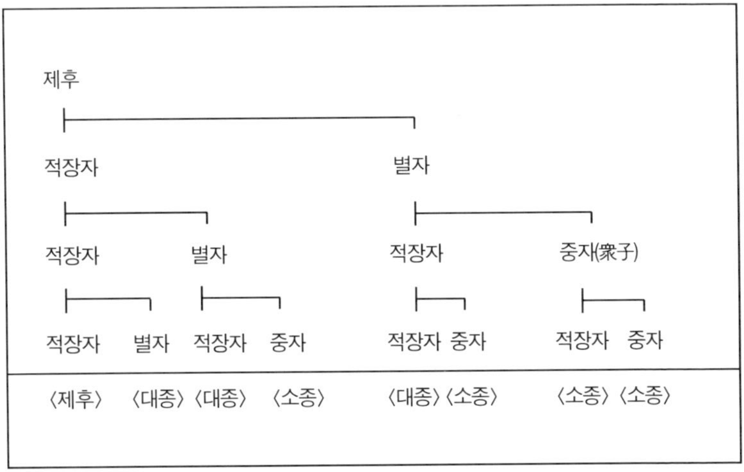

고대 종법은 한漢, 당唐을 거치면서 왕실을 중심으로 유지되다가 송宋 대에 이르러 왕실을 벗어나 사대부 계층에까지 확장된다. 송 대 사대부 계층은 중소지주적 경제 기반을 토대로 새로운 사회 지배 계층으로 등장해 성리학적 학문 체계를 바탕으로 새로운 사회규범을 수립해갔다. 송 대의 정치, 사회질서는 동고조친족집단同高祖親族集團을 근간으로 하였는데 이는 종법에도 그대로 반영되었다. 이들은 별자를 중심으로 하는 고전적인 대종 대신에 사대부가의 동고조同高祖 이하 친족을 범위로 하는 소종 중심으로 종법을 운영하였다. 이는 남송 대 주희朱熹, 1130~1200의 『주자가례朱子家禮』에 종합적으로 반영되어 종법 실행의 기준이 되었다.

중국의 종법은 삼국시대 초기에 우리나라에 전래되었다. 중국에서 유교 경전과 고전적인 종법 관념이 도입되면서 왕실을 중심으로 종묘宗廟가 설치되고 오묘제五廟制가 운영되었다. 고려 말에 이르러 성리학이 도입되는 과정에서 『주자가례』가 전파되고, 신진사대부를 중심으로 송 대의 소종 중심의 종법이 수용된다. 공양왕 2년에 『주자가례』에 의한 '사대부가제의士大夫家祭儀' 를 반포하여 종자의 제사 주관과 가묘의 건립을 권고한 것이 그 공식적인 출발점이었다. 이후 유교 이념을 국시로 내세운 조선의 개국으로 송 대 종법은 양반 사대부 계층에 널리 보급되어 사대부가의 가계 계승과 재산 상속의 기본 원리로 작용하였다. 조선 후기 양반 사회의 가묘제와 제사, 양자 제도의 성행, 동족 부락과 문중 형성, 족보 편찬 등 가족과 친족에 관련된 대부분의 제도와 관습은 종법에 근거하였다.

3

사대부에게 분묘의 의미는?

『주자가례』의 택지 관념은 분산 규모의 확대와 함께 조선 후기 사회에 묏자리 열풍을 불러일으켰다. 종족의식이 강화되고 위선 사업이 활발해진 사회 분위기 속에서 사대부들은 분산 수호에 정성을 기울여 부모상을 당했을 때 명당자리에 묘를 쓰려 하였고, 이에 따라 풍수사상 특히 묏자리를 선정하는 음택풍수陰宅風水가 유행하였다.

『경국대전』과 차등보수

두 집안의 분산墳山, 묘를 쓴 산이 인접한다 해도 그 경계가 분명하고 각자 정해진 구역을 수호하면 그만일 텐데, 어떻게 분쟁이 일어나는 것일까? 이는 분산의 규모와 관련이 있다.

조선시대에는 분산의 규모와 경계를 법제로 명확히 규정하고 있었다. 『경국대전』「예전」에 다음과 같은 조문이 실려 있다.

> 분묘의 한계를 정하고, 경작과 방목을 금지한다.
>
> 종친 1품은 사면 각 100보로 한정하고, 2품은 90보, 3품은 80보, 4품은 70보, 5품은 60보, 6품은 50보다. 문무관은 (종친에 비하여) 10보씩 체감하고, 7품 이하와 생원·진사 및 유음자제有蔭子弟는 6품과 동일하다. 부녀자는 남편의 직을 따른다.

이 조문에는 관직의 고하에 따라 분묘 크기에 차이를 둔 차등보수差等步數의 원칙이 적용된다. 이에 따르면 문무 관료는 1품관일 경우 분묘 범위

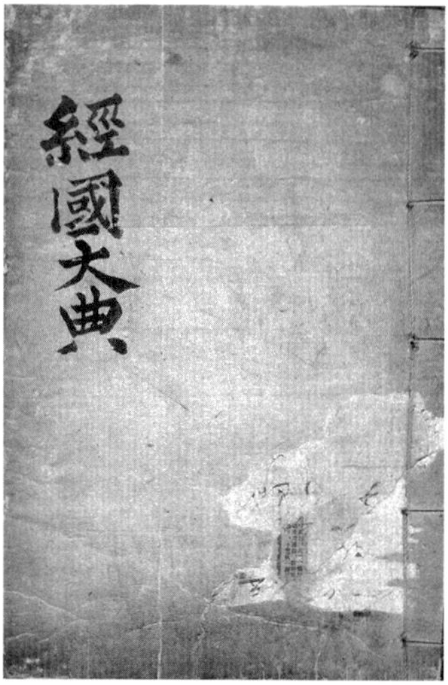
『경국대전』, 서울대학교 규장각한국학연구원 소장

가 사면 각 90보에 달하고 2품은 80보, 3품은 70보, 4품은 60보, 5품은 50보, 6품은 40보까지 보장하였다. 관직이 없는 생원 및 진사와 일반 사족에게도 6품에 준하는 보수가 주어졌고 여성의 분묘 범위는 남편의 직책을 따랐다. 이렇게 법으로 규정된 경계를 침범해 타인이 묘를 쓰는 것을 투장이라 하여 엄격히 금지하였다.

『경국대전』의 보수는 고려의 제도를 계승한 것이었다. 『고려사高麗史』에 의하면 976년경종 1에 문무 양반의 묘지 범위와 분묘의 높이를 정하였는데, 1품은 방方 90보步, 1보는 한 걸음 높이 1장丈, 약 3미터 6척尺, 1척은 약 30.3센티미터, 2품은 80보 높이 1장 6척, 3품은 70보 높이 1장, 4품은 60보, 5품은 50보, 6품 이하는 30보이며 높이는 8척을 넘지 않도록 하였다.[17] 관직의 고하에 따라 분묘의 범위에 차등을 두고 높이까지도 제한하였던 것이다.

1083년문종 37에 이르면 높이에 대한 규제는 사라지고 면적 또한 경종 때는 6품 이하로 통칭한 것을 6품, 7품 이하, 서인으로 세분화하였다. 그 결과 1품은 방 90보 사면 각 45보, 2품은 80보, 3품은 70보, 4품은 60보, 5

품은 50보, 6품은 40보, 7품 이하는 30보로 정했고, 관직 없는 서인에게도 5보를 법적으로 보장하였다.

이 규정은 고려 말까지 유지되었으며 조선 개국 이후에도 한동안 그대로 계승되었다. 그러다가 태종 대에 이르러 고려 문종 때의 제도에 근거해 관원과 서인의 분묘 면적을 상정하였고, 수호권을 보장하기 위하여 구역 내에서 경작과 벌목, 불의 사용을 일절 금지했다.[18]

그 후 종실의 보수를 상정하는 문제가 제기되었고, 문무 양반의 보수 또한 협소하다는 지적이 나왔다. 논의 끝에 1418년태종 18 종실의 보수를 추가로 상정하고, 문무 양반의 보수도 이전보다 2배로 확대하였다. 이에 따라 종실 1품은 사면 각 100보, 문무관 1품은 사면 각 90보로 정하고 2품 이하는 10보씩 체감하였다.[19] 보수에 대한 이 규정은 최종적으로 『경국대전』「예전」에 수록되어 조선시대 분묘제의 근간을 이루었다. 이 과정에서 서인에게 허용되었던 5보의 분묘 보수는 생원·진사 및 유음자제로 범위를 한정하는 대신 분묘 규모는 7품 이하와 동일하게 조정되었다. 여기에서 제외된 비양반층의 분묘는 법 밖으로 밀려날 수밖에 없었고, 이는 조선 후기 산송의 주요 쟁점 중 하나로 작용하였다.

조선 초기에 완성된 『경국대전』의 분묘 보수의 규모는 실제로 어느 정도였을까? 이를 이해하기 위해 조선시대의 보수를 오늘날의 미터법으로 환산할 필요가 있다. 태종 대에 분묘제를 상정하면서 보수는 주척周尺을 사용하도록 하였으니 먼저 주척과 보수의 관계를 살펴보자. 『태종실록』에

조선시대 분묘의 규모

품계＼구분	종친		문무 관료	
1품	사면 각 100보	사면 각 138.6m	사면 각 90보	사면 각 124.74m
2품	90보	124.74m	80보	110.88m
3품	80보	110.88m	70보	97.02m
4품	70보	97.02m	60보	83.16m
5품	60보	83.16m	50보	69.3m
6품	50보	69.3m	40보	55.44m
7품~9품			40보	55.44m
생원·진사			40보	55.44m
유음자제			40보	55.44m

다음과 같은 기사가 등장한다.

> 병조에서 각 역의 거리에 대한 계목啓目, 중앙 관부에서 국왕에게 올리던 문서 양식을 올려 아뢰기를, "지금 중국 조정의 거리법에 준하여 주척 6척으로 1보를 삼고 매 360보로 1리를 삼아 이것으로 측량하면, 돈화문부터 서쪽으로 영서역迎曙驛까지가 18리 194보, 그 역에서 숫돌고개까지가 11리 166보로 이상이 30리인데 1식息이 됩니다".[20]

『태종실록』의 기록으로 1보가 6주척임을 확인할 수 있다. 주척은 『주례』에 규정된 자尺로서 토지나 도로 등의 길이를 측정하는 기본 단위였다. 1주척은 오늘날 23.1센티미터에 해당한다. 이를 기준으로 『경국대전』의 분묘 보수를 오늘날의 미터법으로 환산하면 앞의 표와 같다.

일인지하一人之下 만인지상萬人之上이라 일컫는 정1품 영의정도 분묘 규모가 사면 각 124.74미터 정도다. 생원·진사나 관직 없는 일반 사족은 그 절반에도 못 미치는 사면 각 55.44미터에 불과하다. 6품 이하의 하위직은 관료라고 해도 관직이 없는 일반 사족이나 마찬가지였다. 지방 수령인 현감조차도 종6품이었으므로 분산의 규모는 일반 사족과 동일하였다. 이것이 조선시대 법 규정의 근간이었던 『경국대전』에서 정한 분산 규모였으며, 이 체제가 준수되던 15, 16세기의 분묘 상황이었다. 『경국대전』의 분묘 범위는 그렇게 넓지 않았던 것이다.

『주자가례』와 택산

『경국대전』에서 규정한 법제적인 차등보수는 과연 사대부 사이에서 잘 지켜졌을까? 이러한 의문은 곧 '조선시대 사대부에게 분묘는 어떤 의미였을까?'라는 질문과 동일한 맥락에서 논할 수 있을 것이다.

16, 17세기에 성리학적 의례질서가 정착되어가면서 조선 사회에서 조상의 분묘는 그 중요성이 커져갔다. 이와 더불어 『주자가례』가 본격적으로 보급되면서 『경국대전』의 차등보수 규정은 점차 퇴색해갔다. 『주자가례』에서는 관직의 고하에 따른 차등의례보다는 사대부 공통의례를 지향하

였으며, 유교적 택지관擇地觀에 근거해 분묘의 풍수를 중요시하였다.

유교에서는 감여설堪輿說에 의한 택산擇山의 폐단에 대하여 비판적인 입장이었다. 자손의 명리名利에 얽매여 좋은 자리를 찾기 위해 수개월 동안 장례를 치르지 않고 시신을 방치하는 것은 예법에 어긋나며 의리를 해치는 행위라고 보았다. 그러나 유교에서 택산 자체를 배척한 것은 아니었다. 오히려 조상의 안거安居를 위한다는 차원에서 택지의 중요성을 강조하였다.

『주자가례』「상례」 치장治葬의 첫 부분에서는 "3월장을 하여 먼저 시신을 안장할 만한 곳을 택지하기를 기약한다"고 하여 택지의 중요성을 강조한다. 다음 구절에도 택지에 대한 인식이 잘 나타나 있다.

> 효자의 마음은 걱정하고 근심하는 바가 깊어서, 묘지가 얕으면 사람들이 팔까 염려하고, 너무 깊으면 습기가 차서 빨리 썩을까 염려하였기 때문에 반드시 토양이 두텁고 물이 깊은 땅을 구하여 장사지냈으니, 택지하지 않을 수 없다.[21]

즉, 조상의 분묘가 손상당하거나 시신이 해를 입는 것은 자손 된 입장에서 차마 볼 수 없다는 것이다. 주자는 자손의 구복求福보다는 조상의 안거를 위하는 차원에서 택산의 중요성을 강조하였다. 정자程子의 입장도 동일한 맥락이었다.

묘터를 점치는 것은 땅의 좋고 나쁨을 가리는 것이지, 음양가陰陽家가 주장하는 화복을 말하는 것은 아니다. 땅이 좋으면 신령이 편안하고, 자손들이 번성한다. 근본을 잘 배양하면 가지와 잎이 무성함은 이치상 당연하다. 땅이 좋지 않으면 이와 반대다. 그렇다면 무엇을 좋은 땅이라 하는가? 흙의 빛깔이 윤택하고 초목이 무성한 것이 그 증험이다. 부모와 자손은 동기同氣이기 때문에, 저쪽이 편하면 이쪽도 편하고 저쪽이 위태로우면 이쪽도 위태로운 것이 이치다. 꺼리고 피하는 사람은 간혹 땅의 방위를 가리고 날의 길흉을 결정하니 또한 심하지 아니한가? 선조를 받드는 것으로 계책을 삼지 않고 오로지 후손을 이롭게 하는 것으로 생각한다면, 효자가 부모를 안장하는 마음 씀이 아니다.[22]

정자는 조상과 후손은 동기, 즉 기운이 같다는 인식을 바탕으로 저쪽이 편하면 이쪽도 편하고 저쪽이 위태로우면 이쪽도 위태롭다고 하였다. 즉, 택산을 잘해 신령이 편안해져 자손이 번성하는 것은 근본을 잘 배양하여 잎이 무성해지는 것과 같은 이치라고 하였다. 자손이 조상의 편안을 바라는 마음에서 한 단계 더 나아가 조상과 자손은 동기라는 '동기감응설'[23]을 바탕으로 택산의 중요성을 적극적으로 역설한다.

『주자가례』에서의 택지는 풍수가나 감여설처럼 자손의 명리를 바라는 측면보다 조상의 안거를 통해 효를 실현한다는 의미가 강하게 작용한다. 조상과 자손은 동기이니 조상의 시신을 매장할 때는 반드시 정성을 다하여 편안할 수 있게끔 하며, 신령이 편안하면 결과적으로 자손이 번성하고 제사가 끊기지 않는다고 보았다. 택지에 부여하는 의미와 목적에서 『주자가례』와 풍수설이 다소 관점차가 있지만, 택지를 중시한다는 점에서는 일맥상통한다고 할 수 있다.

『주자가례』는 여기서 그치지 않고 한 단계 더 나아가 다음과 같이 말한다.

> 옛날에 묘터와 장례일은 점을 쳐서 결정하였다. 오늘날 사람들은 점법에 밝지 않으니 시속을 좇아 택하는 것이 가하다.[24]

묘지의 위치 선정 및 장례 날짜까지 시속에 따라 점복인에게 물어서 정하라고 하였다. 일례로 주자 또한 술가의 말에 따라 부친을 두 차례나 이장하였다.

이처럼 『주자가례』의 택지설은 동기 관념에 바탕한 조상의 안거와 자손의 번성이라는 측면에서 풍수설과 결합하는 양상을 띠었다. 이는 유교의 효 관념이 풍수설과 결합하여 분묘의 화복론禍福論을 인정한 것으로 조선사회에 큰 영향을 끼쳤다.

1687년숙종 13 파주 운천리에 있던 장릉長陵, 인조릉의 천장遷葬을 논의하는 과정에서 나온 송시열宋時烈의 주장은 조선시대 유학자들의 택지에 대한 인식을 파악할 수 있게 한다.

현재의 장릉(인조릉), 한국학중앙연구원 소장

옛 선비들은 어버이를 편안하게 하는 데 마음을 쓰지 않고 후손을 이롭게 하는 데만 뜻을 두는 것을 경계하였습니다. 그러나 오늘날 신하의 마음은 어찌 후손을 이롭게 하는 것도 겸하지 않을 수 있겠습니까?[25]

택지의 주목적은 조상의 안거이지만, 이와 동시에 후손의 번성 또한 고려하지 않을 수 없다고 강조한다. 송시열은 정자의 동기감응설과 동일한 인식을 보인다. 이는 조선시대 사대부들의 택지 관념을 단적으로 보여주는 사례라 하겠다.

조선 후기 실학자들 또한 풍수설과 동기감응설을 비판하면서도 한편으로는 돌아가신 부모님을 좋은 곳에 모시고 싶은 마음은 비난의 대상이 될 수 없다고 인정하였다. 자식 된 도리로 택지 자체는 부정하지 않았고 다만 명리를 희구하는 데서 나타난 폐단만을 비판한 것이다.[26]

용호수호, 국법을 바꾸다

조선 사대부들에게 택지 문제는 유교적인 상장례로서 중요했으며, 16세기 이후 『주자가례』의 보급이 본격화되면서 그 중요성은 더욱 커져갔다. 사대부들은 분묘의 풍수를 철저히 따졌기에 『경국대전』에 규정된 분묘의 보수 규정은 점차 외면당했다. 『경국대전』의 규정을 지세의 흐름을 고려하지 않은 산술적인 거리로 인식했기 때문이다.

사대부들은 풍수상의 지세에 따라 분묘를 중심으로 좌청룡 우백호의 수호 영역을 확보해갔다. 좌청룡은 주산主山에서 갈라져 나와 혈穴의 왼쪽 즉 동쪽을 둘러싸면서 내려온 산줄기이고, 우백호는 오른쪽 즉 서쪽을 둘러싸면서 내려온 산줄기이다. 좌청룡 우백호의 수호 영역은 혈을 좌우로 둘러싸는 산줄기 안의 영역을 모두 포함한다. 관직의 유무나 고하에 관계없이 사대부라면 누구든지 좌청룡 우백호의 용호수호龍虎守護를 원했기 때문에 자연스럽게 분산 규모도 확대되었다.

『경국대전』의 보수 규정에 의하면 용호수호는 법 규정을 벗어난, 불법적인 광점廣占에 해당하였다. 광점은 법적으로 인정되는 범위를 넘어서

넓은 지역을 불법적으로 점유하는 행위를 말한다. 엄연히 불법이지만 사대부들은 이를 관철하였고, 국가에서도 사회적 요구를 외면할 수만은 없었다.

1676년숙종 2 3월 숙종은 "사대부 묘산墓山의 용호 내 양산처養山處는 타인이 묘 쓰는 것을 허락하지 않는다"고 하교하였다. 즉 분묘를 중심으로 좌청룡 우백호 내의 송추松楸를 양산하는 구역에 다른 사람의 침범을 금지한 것이다. 사대부들 사이에서 공공연하게 행해지던 용호수호를 법적으로 공인하는 순간이었다. 이는 영조 대에 간행된 『속대전續大典』에 정식 법 조항으로 수록되었다.

> 사대부의 분묘는 품계에 따라 각각 보수가 있으니 금지에도 불구하고 투장하는 자는 법에 따라 파낸다. (비록 보수가 없는 사람이라도 용호 내의 양산처에 타인이 입장하는 것을 허락하지 않는다. 용호 밖은 혹 양산이라도 광점을 허락하지 않는다.)[27]

국가에서 사회적 요구를 수용해 용호수호를 인정했으나 이는 해결책이 아니라 오히려 사회적 갈등 즉 소송을 촉발하는 계기가 되었다. 용호수호, 그 자체로 문제점이 있었기 때문이다.

15세기 『경국대전』 체제에서는 7품 이하 관직자와 생원·진사 및 유음자제의 분묘 규모를 40보로 제한했으므로 40보가 넘는 구역을 수호하겠다고 주장하면 광점에 해당하였다. 그런데 용호수호의 입장은 관직의 고하에 관계없이 공통적으로 '좌청룡 우백호'를 수호 기준으로 삼았기 때문에, 용호 안의 지역은 40보가 넘어도 광점이 아니었다. 특히 용호는 지세의 흐름에 근거한 매우 주관적인 거리 개념이었기 때문에 수치상으로 정확한 보수가 나오기 힘들었고, 용호를 어디로 설정하느냐에 따라 수호 범위도 천차만별로 달라졌다.

이는 곧 묘를 쓰려는 자와 이를 막으려는 자 간의 합의가 쉽지 않음을 의미했다. 사대부가의 분산 규모가 확대되고 좌청룡 우백호를 수호 범위로 설정함에 따라 이전에는 분쟁이 일어날 수 없을 정도로 멀리 떨어진 지역도 이제는 용호 안에 들어와 금장의 대상이 되었다. 수호 범위의 확대는 그만큼 분쟁이 일어날 수 있는 구역의 범위가 확대되었으며 분쟁의 소지도 늘어났음을 의미한다. 더욱이 수호 범위의 확대는 필연적으로 분산이 부족해지는 현상을 초래하였다. 부족한 장지를 확보하는 과정에서 다른 사람과 충돌이 발생하는 것은 당연한 결과였다.

용호수호를 인정하면서 『경국대전』의 보수 규정 또한 계속 유효한 점도 산송의 주원인이었다. 새로운 법이 제정되면 이전의 법은 폐지되는 것이 원칙이나 『경국대전』은 조선 사회의 근간을 이루는 만세불변의 성문헌법이기 때문에 조선 왕조가 다할 때까지 최고 법전의 지위를 유지하였다. 사회 변동에 따라 이를 반영하는 법전이 계속 간행되었지만 『경국대전』의 기본 체제와 이념은 변함없이 이어졌다. 새로운 법과 상충되어도 『경국대전』의 법 규정은 그대로 유지된 것이다.

분묘의 범위도 마찬가지였다. 숙종 대에 용호수호가 새롭게 제정되었으나 『경국대전』의 보수 규정은 폐지되지 않았다. 더욱이 『속대전』에서 "사대부의 분묘는 품계에 따라 각각 보수가 있으니……"라고 하여 관직 고하에 따라 분묘의 규모에 차이를 둔 『경국대전』의 보수 규정에 근거하고 있음을 분명히 밝혔다. 숙종 대 이후로는 사실상 『경국대전』의 보수 규정과 용호수호가 동시에 적용되는 상황이었다. 이러한 이중적인 법 적용은 그 자체로 분쟁의 가능성을 내포하고 있었다.

1709년숙종 35에는 수호 경계가 서로 충돌할 경우, 이를 해결하기 위해 다음과 같은 방법을 제시하였다.

> 사대부의 분산은 먼저 묻힌 자의 관품에 따라 보수를 제한하며, 아주 가까운 곳을 제외하고는 모두 다른 사람이 장사지내는 것을 허락한다. 만약 넓게 차지하고 멋대로 빼앗는 폐단이 있으면 각별히 논죄한다. (『대명률』 제서유위조制書有違條에 따라 장100에 처한다.)[28]

즉, 경계 충돌이 발생했을 때는 먼저 입장한 사람의 품계를 기준으로 보수를 계산하여 수호 범위를 결정하도록 유도한다는 것이다. 그러나 실제로 산송에서 금장자가 좌청룡 우백호의 수호 범위를 포기하고 『경국대전』의 보수를 받아들이기는 힘들었다. 용호수호를 관철하기 위하여 소송관의 판결을 거부하고 상급 기관에 호소하는 등 분쟁과 갈등이 격화되기 마련이었다.

분산 규모의 확대가 산송의 주원인이었음은 1714년숙종 40 장령掌令 최경식崔慶湜의 상소를 통해서도 확인할 수 있다.

> 『대전』 산송조에 일체 품계로 보수가 정해져 있었는데, 병진년1676, 숙종 2 수교에 좌우 용호의 양산에는 타인의 입장을 허락하지 않는다는 조항이 있고부터 분쟁이 사방에서 일어나 금지할 길이 없습니다. 신은 사대부가에서 단독으로 금양하는 곳은 병진년 수교에 의하여 좌우 용호로 한정을 삼게 하고, 그 나머지는 한결같이 『대전』의 보수법에 따라 용호의 한정에 구애되지 말도록 해야 한다고 생각합니다.[29]

최경식은 숙종 대에 『경국대전』의 보수 규정을 완화해 좌청룡 우백호의 수호를 허용한 이후로 산송이 급증했음을 지적하고 있다. 그전까지는 현실적으로 좌청룡 우백호를 수호하더라도, 법적으로는 관직에 따라 40보에서 90보까지만 보호받을 수 있었다. 때문에 그 범위를 벗어나는 용호 내에서 투장이 발생할 경우, 사적인 실력 행사를 통해 금장할 수는 있었지만, 이는 엄연히 불법 행위였고 공식적으로 산송을 제기할 수는 없었다. 그저 분묘 주인의 위세로 수호 구역을 지킬 수밖에 없었다.

그러나 숙종 때 용호수호를 공식적으로 인정하면서 상황은 달라졌다.

분묘 주인은 용호 내에 있는 모든 분묘에 대하여 금장할 수 있는 권리를 공인받았고 공식적으로 산송도 제기할 수 있게 되었다. 뿐만 아니라 인접한 분묘끼리 경계를 재조정해야 하는 문제까지 불거졌다. 이전에는 40~90보 정도만 떨어져 있으면 아무 문제가 없었지만 수호 범위가 좌청룡 우백호로 확장되다보니 분산이 서로 중복되는 경우가 나타났던 것이다.

용호 내에 서로 인접한 분묘 사이에서 중복되는 구역의 수호권 확보를 위한 경쟁이 치열하게 일어났고 경계를 재조정하는 작업이 요구되었다. 이에 따라 숙종 대 이후 용호수호의 권리 확보와 경계의 재조정을 위한 분쟁이 빈발하였다. 병진년 수교 즉 "사대부 묘산의 용호 내 양산처는 타인이 묘 쓰는 것을 허락하지 않는다"는 하교 이후 산송이 사방에서 일어나 제어할 수 없는 정도가 되었다는 최경식의 지적은 이러한 상황에서 나온 것이었다.

수호 범위의 확대와 광점의 폐단은 당시 지식인들도 심각하게 인식하고 있었다. 19세기 초, 다산 정약용은 보수가 지켜지지 않고 소송관들이 내룡來龍[30]이라면 1000보라도 금장을 인정하는 당시의 광점 현상을 지적하였다. 같은 시기 경기도 수원 출신의 유학자인 우하영禹夏永, 1741~1812도 서울의 세족이나 향촌의 토호 들이 법을 어기고 5, 6리씩 광점하는 폐단을 언급하며, 이러한 현상이 계속된다면 결국 빈터가 한 조각도 남지 않을 것이라고 우려하였다. 그는 이에 대한 해결책으로 보수에 따라 경계를 명확하게 정할 것을 주장하였다.[31] 이로써 19세기 지식인들도 산송을 사족층의 분산 범위의 확대, 『경국대전』과 용호수호의 상충에 따른 현상으로 인식하였음을 알 수 있다.

이렇듯 16세기 후반 이후 산송이 등장하게 된 사회적 배경에는 『주자가례』의 보급에 따른 유교적 상장례의 보급과 유교적 택지의 확산, 그리고 이를 배경으로 하는 분묘제의 변화라는 요소가 강하게 작용하고 있었다.

이 시점에서 노상추가와 박춘로가의 산송으로 다시 돌아가보자. 노씨가에서는 자신의 조상 분산의 대안지처라는 이유에서 박춘로 모친묘를 투장이라 주장했다. 대안지처란 풍수상의 지세에 따른 수호 개념으로 분묘의 건너편 안산에 해당하는 곳을 의미했다. 그러나 보수로는 200보나 떨어져 있으므로 『경국대전』의 규정을 적용하면 소송을 제기할 수 없는 위치였다. 때문에 박춘로는 200보나 떨어져 있음을 강조하며 노씨가의 금장이 광점임을 호소하였다. 입장자인 박춘로는 산술적인 보수를 내세운 반면 금장자인 노상추는 풍수상의 용호수호를 주장했다. 조선 후기 산송의 전형적인 양상을 보여주는 사건이었다.

길지 열망, 투장으로 표출되다

『주자가례』의 택지 관념은 분산 규모의 확대와 함께 조선 후기 사회에 뫼자리 열풍을 불러일으켰다. 종족의식이 강화되고 위선 사업이 활발해진 사회 분위기 속에서 사대부들은 분산 수호에 정성을 기울여 부모상을 당했을 때 명당자리에 묘를 쓰려 하였고, 이에 따라 풍수사상 특히 묏자리를 선정하는 음택풍수陰宅風水가 유행하였다.

풍수사상은 음양오행론에 기초하여 흉함을 피하고 길함을 추구하는 상지지리학相知地理學으로,[32] 우리나라는 고대 이래로 끊임없이 풍수사상의 영향을 받았다. 고려 건국과정에서 왕건이 정치적으로 성장하는 데 풍수설이 이용되었고, 「훈요십조」에서 도선의 풍수설에 따라 사원을 개창할 것을 당부했음은 널리 알려진 사실이다.[33]

조선 건국 이후 한양에 도읍을 정할 때에도 풍수에 근거하였고 도성을 건설하는 과정에서도 풍수에 따라 도성의 사산四山, 한성 사방의 산지을 정했다. 궁궐터 및 능원 등을 선정할 때에도, 관아, 향교, 여염집 등을 건축할 때에도 풍수에 대한 논의가 따랐고, 이미 지은 건물이라도 풍수상 불길할 경우에는 이전하였다.

이렇듯 고대 이래로 건물터나 묘터 등의 선정에 영향을 끼쳐온 풍수사상은 조선에 들어와 『주자가례』의 택지 관념과 결합함으로써 시너지 효과를 일으켰다. 택지는 풍수설에만 국한되는 문제가 아니라 유교적 상장례로서 사족층에게 중요한 문제였기 때문이다. 사대부들은 초상을 당하면 지관을 동원해 수개월씩 길지를 찾아 헤맸고 이미 장례가 끝난 분묘라도 불길하다는 말을 들으면 다시 길지를 찾아 천장하였다. 일이 뜻대로 풀리지 않아도 묏자리를 탓하며 천장하는 일이 빈번하게 발생하였다.

16세기 성주에서 유배살이를 했던 이문건李文楗은 유배지에서 아들 온熅의 상을 당했는데 택산에만 4개월이 걸렸다.[34] 그의 『묵재일기墨齋日記』에 의하면, 아들이 죽은 날은 1557년명종 12 6월 25일이었는데 10월 20일이 넘어서야 장지를 확정할 수 있었다. 택산은 풍수지리에 대한 지식을 갖춘 안봉사安峯寺의 승려 보명普明이 담당하였다. 안봉사는 이문건의 유배지 근처에 있던 사찰로 성주 이씨 선대 조상의 영정을 모신 영당影堂이 위치한 곳이었다. 보명은 유배지 성주와 처가가 있는 충청도 괴산 인근의 산지를 두루 답사하며 산세를 살피고 후보지를 정한 뒤 산도山圖를 그려 이문건에게 가져왔다.

보명의 노력으로 9월 초에 가까스로 괴산 두화원의 막둥이네 집 뒤쪽에 묏자리를 정할 수 있었다. 그런데 이번에는 막둥이가 자기 집과 너무 가까운 곳이라며 금장하고 나섰다. 『경국대전』에 인가 100보 안에는 입장할 수 없다는 금령이 있었기에 분쟁의 여지가 있었다. 이문건은 분쟁을 피하고자 그곳에서 약간 위쪽에 다시 묏자리를 선정하려 하였다. 그러나 한 달이 지나도록 택산은 지연되었고 급기야 10월 3일, 죽은 아들의 장례 행차가 괴산에 도착한 이후에도 묏자리를 확정하지 못했다. 결국 괴산에 사는 조카 손자 수기壽祺가 10월 16일 이문건에게 편지를 보내어 택산을 재촉하자 10월 22일 보명을 괴산으로 보내 최종 결정을 하였다. 아들 상을 당한 지 4개월 만에 겨우 택산을 마무리할 수 있었다.

다른 사족가의 상황도 이문건가와 별반 다르지 않았다. 사대부들은 상을 당하면 길지를 가리느라 지관을 구해 곳곳을 헤맸고, 길지를 얻지 못하면 여러 달이 지나도 장례를 치르지 못하였다. 길지를 구했다 해도 이문건가의 경우처럼 인가와 인접해 있거나 다른 사람의 분산을 침해하는 문제가 야기되었다. 이문건가에서는 묏자리를 바꿈으로써 분쟁을 피했지만 불법적인 투장까지 감행하는 폐단도 종종 나타났다.

『주자가례』의 보급이 본격화된 16세기 후반, 투장은 이미 사회 문제화되는 단초를 보인다. 『수교집록』의 1573년선조 6 수교에 다음과 같은 규정이 수록되어 있다.

> 사대부의 분묘는 그 품계에 따라 각각 정해진 보수가 있으니, 금령을 위반하고 (남의 보수 안에) 투장한 경우에는 정장呈狀, 관청에 소장을 냄이 있으면 파낸다.[35]

사대부 분묘의 보수 안의 투장이 사회적 문제로 떠오르자, 이를 방지하기 위하여 취해진 조치였다. 이후 17세기 후반에서 18세기 초반에 걸쳐 투장에 대한 규제 조치가 집중적으로 마련되었다. 1746년영조 22에 간행된 『신보수교집록』「예전」에서는 산송 항목을 별도로 설정하기에 이른다.

> ① 법리상 당연히 금지하는 지역에 산소를 썼다가 패소한 자, 법리상 금지해서는 부당한 지역인데도 장사지내는 것을 막았다가 패소한 자, 마

땅히 금해야 될 지역에서 혈을 차지하여 산송의 단서를 일으킨 자는 옳고 그름을 논하지 않고 우선 먼저 형추刑推, 죄인에게 형장을 치면서 심문함한다. (1698년숙종 24 수교)

② 만약 다른 사람의 분산과 매우 가까이 있거나 큰 마을 내부를 모점冒占, 법을 어기면서 차지함하여 산송을 일으키는 폐단이 있게 되면, (중략) 법에 따라 정배定配, 죄인을 유배 보냄한다. (1698년숙종 24 수교)

③ 주인 있는 산이나 인가 근처에 투장하는 것은 금단한다. (1696년숙종 22 수교)

④ 비록 한 사람이 사는 집이라도 100보 이내의 구역에는 분묘를 쓸 수 없다. (1703년숙종 29 수교)

⑤ 사대부가 늑장勒葬, 유장誘葬, 투장하는 것을 각별히 엄금한다. 이를 어기면 '여염집을 탈취하여 들어간 죄를 논하는 율閭家奪入之律'에 따르며, 해당 고을 수령은 잡아들여 조사하여 처벌한다. (1727년영조 3 수교)

투장의 다양한 형태를 거론한 이 같은 수교는 투장 방지를 위한 법적인 장치들이다. ①은 불법적인 투장 및 금장으로 인하여 산송을 일으키는 자는 엄중하게 다스리겠다는 강한 의지를 보여준다. ②, ③, ④는 택산할 때 지켜야 할 세부 사항으로 주인 있는 산, 타인의 분산 보수 내, 큰 마을, 인가 100보 내의 구역 등에 새로운 분묘 조성을 엄격히 금지하였다. 영조는 그때까지의 규정을 종합하여 사대부의 투장을 엄격하게 금하는 ⑤의 규정도 제정하였다.

17세기 후반에서 18세기 초반에 걸쳐 집중적으로 정비된 투장에 대한 규제는 1746년영조 22에 간행된 『속대전』에 그대로 수록되어 정식 법조문화하였다. 이처럼 산송은 불법적인 분묘 조성이 빈번하게 발생하는 사회 상황을 반영해 독립적이고 구체적인 규제로 자리 잡게 되었다.

그러나 국가의 법적 규제에도 불구하고 투장은 갈수록 성행하였다. 심지어 국가의 금산禁山 구역까지 침범해 도성의 사산이나 능원, 봉산封山 등을 가리지 않고 투장이 발생했다. 그 과정에서 지관이 농간을 부리는 사례도 빈번하였다. 지관의 폐단이 심각한 상황에 이르자 1698년숙종 24 숙종은 타인의 분산을 침해하여 산송이 발생할 경우, 상주喪主뿐만 아니라 지관도 함께 처벌할 것을 법으로 정했다.

> 산송을 일으키는 폐단이 있게 되면 이를 지시한 지관을 한 차례 형추하고, 이치에 어긋난 상주는 법에 따라 정배한다. 지관을 죄주지도 않고 이치에 어긋난 상주에게 사사로이 승소 판결을 해주면 해당 소송관은 마땅히 무거운 형률을 적용하여 죄를 논한다.[36]

투장으로 인한 산송이 발생하면 상주, 즉 투장자뿐만 아니라 묏자리를 점지한 지관도 처벌하였고 경우에 따라서는 해당 지역 수령에게도 책임을 물었다. 그러나 이런 법적인 제재에도 불구하고 사족층의 묏자리에 대한 욕구가 높아질수록 지관의 영향력은 커져갔다.

1832년순조 32 전 오위장五衛將 장제급張濟汲이 금위영禁衛營, 국왕 호위와 수도 방위를 담당하는 군영 금표 안에 모친을 투장한 사건이 발생했는데, 여기에도 지관이 깊이 관여하고 있었다. 11월 24일 형조에서 보고한 내용이다.

장제급이 투장할 때 이를 점지해준 지관 백윤진白潤鎭의 공초에 의하면, "저와 함께 묏자리를 찾던 중에 한강 근처에 도착하여 장제급이 '한 자리 쓸 만한 곳이 있다'고 하였습니다. 제가 과연 따라가보고 그에게 '이곳은 종전부터 감히 말도 못 꺼내던 곳인데, 사대부로는 엄두도 못 낸다'고 말하였으나, 장제급이 말리는 말을 듣지 않고 마침내 입장하였습니다"라고 하였다.[37]

순조는 형조의 보고를 받은 뒤, 금표 내에는 함부로 입장하지 못한다는 것을 알면서도 고발하지 않았다 하여 지관에게 엄중한 처벌을 내렸다. 결국 장제급은 투장한 죄, 백윤진은 점지해준 죄로 사형 판결을 받았다가 감면되어 외딴섬에 유배되었다. 상주와 지관이 결탁하여 길지를 찾아다니다가 국가의 금표 구역까지 범한 이 사건은 택산의 사회적 유행과 그 폐단을 단적으로 보여준다.

한편에서는 묏자리를 점지해준 데 대한 보수를 지급하지 않았다고 지관이 상주를 고소하는 사건까지 발생하였다. 1890년고종 27 남원 둔덕방屯德坊

에 살았던 이병의李秉儀가 남원 부사에게 제출한 원정原情, 억울함을 호소하는 청원서을 보자.

지난 4월 허악許渥이란 자를 보현방寶玄坊, 지금의 남원시 보절면에서 우연히 만났습니다. 그는 자신이 당대의 신묘한 안목을 지녔다고 자처하면서 묏자리를 쓸 일이 있으면 반드시 자기 손을 빌리라고 했지만, 저는 대수롭지 않게 여겼습니다. 그 후 며칠 지나지 않아 청하지도 않았는데 함께 일을 하자면서 오며가며 온갖 말로 간청하였습니다. 제가 일찍이 보아두었던 묏자리 몇 곳을 품평하게 하였더니, 바로 답하기를 '그저 그렇다'고 하였습니다. 저는 몇 년 동안 잇단 상사喪事로 지친 나머지, 다시 묏자리를 구할 형편이 못 되었으므로 부득이 그곳에 처와 며느리를 차례로 안장하였습니다. 그 과정에서 그가 묘혈의 방위를 잡는 것이 풍수설에 전혀 맞지 않아서 제 뜻대로 일을 마쳤습니다.[38]

이병의는 처와 며느리 상을 당하여 묏자리를 선정하는 과정에서 지관 허악과 의견을 나누었는데, 이에 대한 보수 문제로 허악에게 고소를 당했다. 이병의는 허악이 지관을 자처하면서 자신에게 먼저 접근했다고 주장하였다. 그는 허악을 신뢰하지는 않았으나 그의 요청을 거절하지 못하고 묏자리와 묘혈의 방위를 결정하는 데 어쩔 수 없이 그와 의논하였다. 그러나 그와 의견이 맞지 않아 결국 자신의 뜻대로 장례를 치렀기 때문에 허악에게 술값 정도만 지급했다고 하였다.

하지만 허악의 말은 달랐다. 허악은 이병의의 아들 기훈起勳이 일부러 자신에게 사람을 보내 묏자리를 점지해줄 것을 요청하면서 200민緡을 답례하기로 약속했다고 주장하였다. 10냥이 1민이므로 2000냥에 달하는 큰 액수였다. 여기에서 누가 승소했는지는 중요하지 않다. 지관이 적극적으로 상주에게 접근하고, 상주와 지관 사이에 거액의 사례금이 개입된 양측의 갈등이 소송으로 이어진 상황이 주목된다. 지관의 역할이 상주를 돕는 차원을 넘어 사회 문제가 될 정도로 그 폐단이 심각했음을 의미한다.

지관의 폐단은 망자의 장례를 치를 때에만 나타난 것은 아니었다. 이미 장례를 치른 분묘라도 지관이 불길하다고 하면 다시 길지를 찾아 천장하였고, 일이 뜻대로 잘 풀리지 않아도 조상의 묏자리를 탓하며 천장을 시도하였다. 천장의 성행은 법전을 통해서도 확인할 수 있다. 15세기 성종 대에 간행된 『경국대전』에는 천장에 관한 규정이 보이지 않으나 18세기 영조 대에 간행된 『속대전』에는 천장에 관한 항목이 추가되어 있다.

> 의정부 대신을 천장할 때는 장례 물품과 상여 메는 인부를 참작하여 지급하고, 예장禮葬을 허락하지 않는다.[39]

예장은 국가에서 공식적으로 거행하는 장례를 말한다. 태종 대에 처음 예장에 대해 제정했는데 왕실 및 종친 종2품 이상, 문무관 종1품 이상, 공신 등이 사망하였을 때 임시기구인 도감都監을 설치해 여기에서 모든 장례 절차와 분묘 조성을 거행하였다. 관료 가운데 예장의 대상에 포함되는 이들은 품계로는, 정1품관인 대광보국숭록대부·상보국숭록대부·보국숭록대부, 종1품관인 숭록대부·숭정대부이고, 관직으로는 의정부 삼정승과 좌·우찬성, 중추부 영사와 판사였다. 때문에 의정부 대신이 천장할 때는 이미 한 번 예장을 했으므로 예장 대신 장례 물품과 인부를 지급하는 것으로 갈음한다는 것이 『속대전』의 내용이다. 『경국대전』에는 없던 천장 규정을 『속대전』에 새롭게 추가해야 할 정도로 천장이 활성화되고 있었음을 유추할 수 있다.

『주자가례』

『주자가례』는 사대부가의 의례를 관혼상제 등 사례四禮로 분류해 정리한 예법서로 원래 이름은 『가례家禮』이며 『문공가례文公家禮』라고도 한다. 남송 대에 주희가 집대성했다고 알려져 있으나 후대 사람이 가탁했다는 설도 있다. 『성리대전』에 수록된 『가례』의 목록을 보면, 1권은 가례도설家禮圖說, 2권은 가례서家禮序·통례通禮·관례·혼례, 3권은 상례, 4권은 상례·제례 등 총 4권으로 구성되어 있다.

『주자가례』는 일상생활에서 지켜야 할 사대부가의 필수 예법을 담은 기본서이기 때문에 많은 해설서가 등장하였다. 그중 명나라 성화 연간에 간행된 구준丘濬, 1421~1495의 『문공가례의절文公家禮儀節』이 가장 대표적이다. 구준은 경산瓊山, 하이난성 충산 출신으로 자는 중심仲深, 호는 경대瓊臺이다. 1454년에 진사가 된 뒤 한림원 편수, 국자감 좨주 등을 거쳐 예부 상서에 이른 인물이다.

그는 『가례』의 이해를 돕기 위하여 『예기』 『한서漢書』 등 사십여 종의 서적을 참고해 상세한 해석을 붙이고 의절고증儀節考證과 잡록雜錄을 추가하여 『문공가례의절』 총 8권을 편집하였다. 『가례』의 순서를 그대로 따르되 각 항목마다 예법의 의미와 절차를 상세히 설명하고 내용을 보충하였다. 다른 사람의 말을 인용할 때는 본문보다 한 급수를 낮추고, 자신의 견해는 '준안濬按'이라 표시하고 작은 주로 구분하였다. 『문공가례의절』은 『가례』에 관한 여러 해설서 가운데에서도 가장 널리 보급·이용되었으며, 우리나라에 전해진 것도 바로 이 책이다.

구준의 『문공가례의절』을 통해 『주자가례』의 내용을 자세히 살펴보자. 우선 체제는 통례,

관례, 혼례, 상례, 제례의 5장 체제다. 통례에 해당하는 1권은 대종소종도大宗小宗圖, 사당도祠堂圖, 시절진설도時節陳設圖, 신주神主, 심의도深衣圖 등 그림을 곁들여 소개하였다. 2권부터는 사례에 대한 각론으로 의절, 고증, 여주餘註, 도식을 수록하였다. 2권에는 관례를 수록하였고, 3권에는 혼례의 절차를 의혼, 납채, 납폐, 친영, 부현구고婦見舅姑, 묘현廟見, 서현부지부모壻見婦之父母 등으로 분류해 설명하였다. 4권부터 6권까지는 상례에 해당하는데 4권은 초종初終에서 대렴大斂까지의 절차를 수록하였고, 5권은 조석곡전朝夕哭奠에서 반곡反哭, 6권은 우제虞祭에서 담제禫祭에 이르기까지의 절차를 수록하였다. 7권은 제례에 대한 부분으로 사시제四時祭, 초조初祖, 선조先祖, 녜禰, 기일忌日, 묘제墓祭 등을 수록하였다. 8권은 『가례』에는 없는, 구준이 새로 추가한 부분으로, 관혼상제와 관련한 잡다한 의식절차를 다룬 가례잡의家禮雜儀와 각 절차에서 필요한 서식의 사례를 모은 가례부록家禮附錄으로 이루어져 있다.

『주자가례』는 고려 말 성리학의 도입과 함께 우리나라에 전래되어 성리학자를 중심으로 실천적으로 수용되었다. 조선의 건국으로 성리학이 국가 이념으로 확립되면서 『주자가례』는 국가적 차원에서 보급되었고, 16세기 사림 세력의 등장과 함께 본격적으로 확산되었다. 그 결과 17세기 무렵에는 사대부가의 의례 전범典範으로 정착해 많은 주석서가 저술되었다. 조선 후기에 이르면 『주자가례』는 사대부에서 하층민에 이르기까지 널리 보편화되어 조선시대 사람들의 기본의례서로서 막대한 영향을 행사하였다.

키워드 속 키워드 3

풍수와 명당

풍수는 『주역周易』의 음양오행설을 기본 구조로 삼는 전통적인 지리과학으로 추길피흉을 지향한다. 땅과 인간의 소통과 상호 작용을 전제로 하는, 자연과 인간의 통합적 인식이라 할 수 있다.

풍수는 땅속에 흐르는 생기生氣와 감응해 미리 불길함을 피하고 복을 부르는 혈穴과 명당 찾기를 목적으로 한다. 혈은 청룡과 백호 등으로 둘러싸여 산수山水의 정기精氣가 응결된 곳을 의미하며, 명당은 혈 앞의 평탄한 땅으로 이는 풍수에서 가장 중심이 되는 요소다.

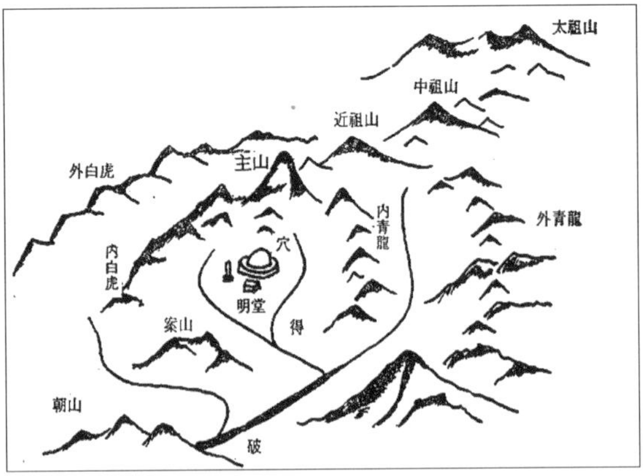

풍수개념도(최창조, 『한국의 풍수사상』, 민음사, 1984, 61쪽.)

그렇다면 혈과 명당의 조건은 무엇일까? 중국 한대漢代에 편찬된 풍수 경전 『청오경靑烏經』에는 다음과 같은 말이 나온다. "생기를 모으지 못하는 혈不蓄之穴에서는 뼈가 썩을 것이요, 생기가 이르지 못하는 혈不及之穴에서는 살아 있는 사람이 모두 죽을 것이요, 생기가 흩어져 새어나가는 혈騰漏之穴에서는 관곽棺槨, 시신을 넣는 속 널과 겉 널이 뒤집히고 삭을 것이요, 생기가 돌아서고 막힌 혈背囚之穴에서는 찬 샘물이 방울져 내릴 것이다. 그것이 바로 두려운 일이니 어찌 조심하지 않을 수 있으랴."

이 구절의 주註에서는 그 형세를 이렇게 설명한다. "생기를 모으지 못한다는 것은 산이 감싸 안아주는 것이 없다는 말이요, 생기가 이르지 못한다는 것은 산에 마주 대하는 조대산朝對山이 없다는 말이요, 생기가 날아가고 샌다는 것은 혈에 빈 허점이 있다는 말이요, 생기가 돌아서고 막힌다는 것은 혈이 어둡고 음랭陰冷하다는 말이니, 이런 혈에는 장사를 치를 수 없다. 생기가 곧 땅의 핵심이며, 땅의 생김새가 감싸 안아주고 앞을 가려주며 공허하거나 허점이 없이 밝고 온화한 터, 즉 어머니의 품 안을 닮은 곳을 찾으라는 말이다."[40]

이러한 조건에 가장 부합하는 지세가 바로 배산임수背山臨水다. 생기는 바람을 만나면 흩어지고 물을 만나면 멈춘다. 이 때문에 주맥을 타고 내려오는 생기를 붙잡아두기 위해서는 산줄기가 좌청룡 우백호로 갈라지면서 혈을 감싸 안는 형세를 이뤄야 하고 그 앞쪽에는 물이 있어야 한다. 형세가 아무리 잘 갖춰져 있더라도 생기가 결집되지 못하면 명당이라 할 수 없다. 배산임수가 명당의 기본 조건인 셈이다.

풍수설은 중국에서 발생하여 통일신라 때 우리나라에 도입된 이래 산 사람의 주거나 취락 입지에서 죽은 자의 묏자리에 이르기까지 다양한 영역에 막대한 영향을 끼쳤다. 특히 조선시대에는 유교의 효 관념과 결합하여 명당, 길지에 부모를 묻어 부귀영달을 구하려는 의식이 팽배하였고 그 과정에서 묘지를 둘러싼 분쟁과 갈등이 시대 현상으로 표출되었다. 이에 따라 근대 개화기에 오면 독립협회의 『독립신문』에서 산리山理, 묏자리의 형세에 따라 재앙과 복이 달라진다는 이치의 허무함과 낭비에 대해 역설하고 그 관습의 폐지를 주장하기에 이른다. 그러나 수천 년 동안 전통시대 사람들의 의식 저변을 형성해온 풍수에 대한 인식은 오늘날까지도 여전히 영향을 미치고 있다.

4

소송장 풍경

산송은 소송의 이유가 분명하기 때문에 판결 자체는 간단한 경우가 많다. 산송이 발생하면 소송관은 원고·피고와 함께 현장답사를 하고 산도를 그려 분묘의 위치를 표시하고 원고와 피고의 서명을 받는다. 이에 근거하여 소송관은 두 분묘의 위치와 선후관계를 따져서 묘를 파낼지 그대로 둘지만 결정하면 끝나는 문제였다. 그러나 여느 소송과 달리 산송은 오히려 판결이 내려진 다음에 본격적으로 전개되고 격화되는 과정을 거친다.

투장의 여러 형태들

산송의 주요 원인은 '투장'이다. 투장이란 타인의 분산을 훔쳐 입장했다는 뜻으로 다른 사람이 수호하는 분묘 구역 내에 주인의 허락 없이 분묘를 조성하는 일체의 행위를 포함한다. 이는 다양한 형태로 나타나는데 일반적인 투장 외에도 늑장勒葬, 암장暗葬, 평장平葬 등이 주목된다.

늑장은 선장자先葬者인 분산 주인의 금장 노력에도 불구하고 호강豪强한 세력을 믿고서 실력 또는 무력으로 분묘 조성을 강행하는 방식이다. 늑장은 분산 주인의 저항을 힘으로 제압해야 하므로 인적, 사회적, 경제적 세력이 뒷받침되어야 했다. 이 때문에 주로 권세 있는 유력 사족가 또는 지역 토호 들이 늑장을 행했으며, 향촌 사회의 토착 세력인 향리들도 시도하곤 했다.

암장은 늑장과 달리 주인 몰래 남의 분산에 분묘를 조성하는 행위다. 남의 이목을 피해 주로 밤 시간에 이뤄졌기 때문에 승야투장乘夜偸葬이라고도 하였다. 투장한 사실이 발각되지 않도록 봉분을 조성하지 않고 평지처럼 분묘를 조성하는 평장도 많이 행해졌다. 암장은 몰래 한다는 특성상 지방의 한미한 사족이나 평민층 이하 하층민이 주로 선호하였다.

조선 후기에 투장이 사회적으로 유행하면서 왕실, 권세가, 명현, 관직자, 일반 사족 등 대상을 가리지 않고 전국적으로 광범위하게 그 피해가 확산됐다. 조정에서도 투장에 대한 대처 방안을 강구하기 위하여 많은 노력을 기울였다. 1727년에 영조는 투장을 엄금하는 전교를 내리면서 투장이 발생하면 투장자뿐만 아니라 해당 고을의 수령까지 소환해 조사할 것을 명했다.[41]

이러한 국가의 노력에도 불구하고 투장은 갈수록 증가·확산되어갔다. 1822년순조 22 8월 전라도 남원 둔덕방에 사는 이정전李正銓 등은 남원 부사에게 제출한 등장에서, "근래 투장이 하나의 고질적인 폐단이 되어 작변作變, 변고 또는 다툼을 일으킴이 다반사입니다. 이 때문에 산송이 날마다 관청 뜰에 가득 차고 소장이 없는 날이 없습니다"라고 호소할 정도였다.[42]

금장자가 특히 경계한 투장의 형태는 '역장逆葬'이었다. 이는 분묘의 뇌후腦後, 즉 머리에 해당하는 위치에 투장하는 형태다. 16세기 중반에 세상을 떠난 이문건은 조상의 분묘 위쪽에 묘를 썼지만 현재까지도 역장한 상태 그대로다. 경상도 안동 지역의 전주 유씨 묘역도墓域圖에서도 역장이 보이며, 전라도 강진 덕정동의 해남 윤씨 세거시원지世居始原地에서도 역장을 확인할 수 있다. 이러한 예는 조선 전기에 조성된 분묘에서 어렵지 않게 발견된다. 이처럼 오늘날 남아 있는 분묘로 미뤄볼 때 조선 전기까지는 거리낌 없이 역장을 행했다.

하지만 종법질서가 확립되어가면서 점차 역장을 금기시하기 시작했다. 유교적 관점에서 조상의 손아래인 후손이 감히 조상의 머리 쪽에 위치한다는 것은 용납할 수 없었다. 풍수상으로도 역장은 주산主山에서 분묘로 내려오는 기의 흐름을 단절하기 때문에 가장 나쁜 형태로 인식되었다. 이에 따라 역장은 거리에 관계없이 금기 대상이 되었고, 부자형제간처럼 가까운 사이라 해도 역장은 용납되지 않았다. 조선 전기까지만 해도 전혀 개의치 않았던 역장이 종법의식의 강화로 족친뿐만 아니라 부자형제간에도 용납할 수 없는 금기의 대상이 되었던 것이다.

한편, 사대부의 투장과 함께 주축을 이루는 것이 하층민의 투장이다. 18세기 후반에 이르면 사대부들의 길지에 대한 욕구는 하층민들에게도 점차 확산된다. 유교식 상장례 문화가 하층민에게까지 전파되고 보편화되면서 부모의 상장례를 성대히 치르려는 움직임이 나타났다. 이는 조선 후기 사회 변동 속에서 경제적 성장을 성취한 이들에서부터 시작되어 점차 확산되어갔다. 이들 가운데는 전 재산을 쏟아붓거나 빚더미에 앉으면서까지 상장례를 성대하게 치르려는 이들도 있었다.

하층민들은 그들도 사대부처럼 독립된 분산을 확보하고자 했고 실제로 이를 시도하였다. 그들은 주로 마을 밖 공동묘지에 분묘를 조성했는데 법으로 정해진 묘역의 범위가 없었기 때문에 공동묘지에서 벗어나 독립 분산을 확보하기란 쉽지 않았다. 설령 독립 분산을 마련한다 해도 사대부가 그 묘역을 침해하여 바로 옆에 새로운 분묘를 조성해도 막을 수가 없었다.

즉 세력이나 물리적인 힘을 갖추지 않고는 분묘를 유지할 수 없었다.

이러한 상황에서 하층민들은 불법적인 투장을 통해 주로 분묘를 확보했다. 특히 다른 사람의 눈에 띄지 않는 방법을 선호해 암장이나 승야투장, 평장을 시도하였다. 이런 투장은 불법이기는 하나 일단 성공하면 스스로 분묘를 파내는 자굴自掘의 원칙이 지켜졌기 때문에 아무리 힘이 있는 자라도 관의 허락 없이 묘를 파내거나 훼손할 수 없었다. 따라서 현실적으로 양반 사대부에게 대항할 힘이 없는 하층민들은 몰래 투장하고 누구의 묘인지 발각되지 않게 숨어버리는 방법을 택했다.

투장자과 금장자의 대결

산송은 조상에 대한 도리, 즉 위선의 실현을 위한 소송이기에 자손 입장에서 쉽게 물러설 수 없었다. 개인의 차원을 넘어선 가문 간의 대립이었으며, 지역 사회에서 해당 가문의 위상까지 걸린 문제였기에 한 치의 양보도 없이 치열하게 대립하였다. 때문에 여느 소송과 달리 산송은 한번 발생하면 단기간에 해결되지 못하고 체송滯訟, 소송이 정체됨되는 것을 특징으로 한다.

산송은 소송의 이유가 분명하기 때문에 판결 자체는 간단한 경우가 많다. 산송이 발생하면 소송관은 원고·피고와 함께 현장답사를 하고 산도를 그려 분묘의 위치를 표시하고 원고와 피고의 서명을 받는다. 이에 근거하

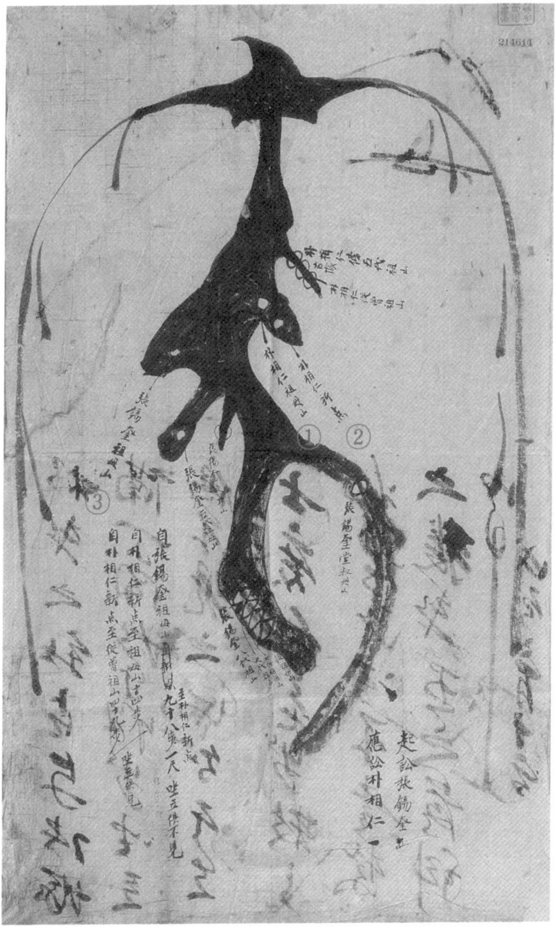

산도, 서울대학교 규장각한국학연구원 소장 | 장석규(張錫奎)와 박상인(朴相仁) 산송의 산도. 박상인이 조모산(①) 아래에 모친 분묘(②)를 조성하는데, 장석규가 자신의 조모산(③)을 근거로 금장한 사건이다. 원고 장석규의 조모산과 피고 박상인의 모친 분묘 사이의 거리는 90보 1척으로 앉거나 서거나 보이지 않는다고 표기하였다. 원고와 피고가 우측 하단에 각각 서명하였고, 뒷면에는 소송관의 판결이 기록되어 있다.

여 소송관은 두 분묘의 위치와 선후관계를 따져서 묘를 파낼지 그대로 둘지만 결정하면 끝나는 문제였다. 그러나 여느 소송과 달리 산송은 오히려 판결이 내려진 다음에 본격적으로 전개되고 격화하는 과정을 거친다.

패소자는 소송관의 판결에 승복하지 않고 심지어 소송인까지 바꿔가며 재차 삼차 소송을 제기하였다. 향촌에서 해결되지 않으면 서울로 올라가 국왕에게 상언·격쟁하는 것도 마다하지 않았다. 어떤 때는 국왕의 판결에도 불복해 수차례의 상언·격쟁으로 이어지기도 했다. 파평 윤씨가와 청송 심씨가처럼 국왕의 중재에도 불구하고 수백 년 동안 대를 이어가며 산송이 계속되는 경우도 있었다. 산송은 투장자와 금장자 사이의 대결의 연속이었으며, 끝이 보이지 않는 지루한 싸움이었다.

유교 사회에서 분묘는 살아 있는 사람처럼 취급되었다. 타인의 분묘를 파내거나 훼손하면 살인죄를 적용해 엄중히 처벌하였다. 사형을 제외하고 최고의 형벌이라 할 수 있는, 유배형에 처해지는 것이 일반적이었다. 그렇기 때문에 분묘 주인이 아니면 어느 누구도 분묘에 손을 대거나 이를 훼손할 수 없었다. 이는 금장자가 승소하더라도 직접 투장묘를 파낼 수 없음을 의미한다. 투장자가 직접 묘를 파내지 않고 버티면 금장자는 승소하고서도 속수무책일 수밖에 없었다. 유교의식이 강한 조선 사회에서 일단 한번 투장에 성공하면 이를 굴거掘去하기란 결코 쉽지 않았다.

투장자는 이러한 상황을 잘 알고 있기 때문에 패소한 이후에도 대부분 어떠한 방식으로건 투장총을 파내지 않고 계속 버텼다. 이때 가장 많이 사용한 방법이 '과한불굴過限不掘' 즉 투총을 파내지 않고 기한을 넘겨가며 버티는 행위다. 일단, 투장자는 패소하면 투장 사실을 인정하고 굴거 기한을 정하여 관에 다짐侤音을 하거나 금장자에게 수표手標, 대차·기탁·매매·약속 등을 할 때 주고받는 증서를 작성해주었다. 그러나 굴거 기한이 다가오면 차일피일 미뤄 정해진 날짜를 넘기기 십상이었다.

투장총은 분묘가 있는 산하촌山下村의 존위尊位, 마을의 어른, 이임里任, 지방의 동리에서 공공사무를 맡아보던 사람, 면임面任, 지방의 면에서 공공사무를 맡아보던 사람 등의 주관하에 투장자 스스로 굴거하는 것이 원칙이었다. 금장자가 투장총에 손을 댈 경우에는 사굴私掘이라 하여 살인죄를 적용하였다. 특별한 경우가 아니면 관에서 투장총을 굴거하는 관굴官掘도 허용하지 않았다. 따라서 관에서는 투장자에게 계속적으로 묘를 파내기를 종용하거나 투장자를 옥에 가두는 방식으로 제재할 수밖에 없었다. 투장자가 이러한 압박을 감수하고 끝까지 버틸 경우 관에서도 다른 대안이 없었다.

투장자는 일반적으로 투장총 파내기를 연기시킬 때 '동절기' '39부동총三九不動塚' '농번기' 등의 명분을 내세웠다. 이는 금장자와 관도 인정하고 받아들여 '관한寬限' 즉 기한 연장을 허용하는 명분이었다. 투장자는 우선 겨울철에 땅이 얼어서 묘를 파낼 수 없음을 핑계로 언 땅이 녹는 다음해 봄, 주로 2월이 되면 파내겠다고 동절기를 명분으로 든다. 그러나 정작 해가 바뀌고 2월이 되면, 굴거할 듯 하면서 기한을 한두 차례 더 미루다가 2월 말이 되면 풍수상으로 3월과 9월에는 분묘를 움직이지 않는다는

'39부동총' 을 핑계 삼아 3월도 넘겨버린다.

1863년철종 14 4월, 안동에 거주한 김대진金岱鎭의 상서上書를 보면 39부동총에 대한 당시의 인식을 살필 수 있다.

> 이달4월은 관노비 증률曾律이 투장총을 굴거하기로 다짐한 기한입니다. 당초 양측이 대면한 소송장에서 성주께서 저에게 원하는 대로 기한을 정하라고 해서 (중략) 다시 3월 초로 청하였더니, 성주께서 39부동총이라고 일러주셨습니다. 제가 꾹 눌러 참고 멀찍이 4월 며칠로 지정하니, 성주께서 마침내 4월로 기한을 정하고 다짐을 받아주셨습니다. (중략) 장례는 달과 날을 택하여 움직이고 분묘는 달을 택하고 날은 택하지 않습니다. 달을 택한다는 것은 3월과 9월은 묘를 움직이지 않는다는 것입니다.[43]

김대진과 증률이 소송관 앞에서 굴거 기한을 정할 때, 김대진은 3월 초를 요구하였다. 그러나 소송관이 39부동총을 이유로 3월은 피하라고 하자 결국 4월로 정했다. 소지에 따르면, 금장자인 김대진 또한 39부동총을 수긍하고 받아들이고 있어 이것이 투장자뿐만 아니라 금장자와 소송관에게도 관한의 명분으로 인정되었음을 확인할 수 있다.

39부동총을 명분으로 3월을 넘기고 나면 농번기로 접어들기 때문에 추수 후에 틀림없이 굴거하겠다고 약속하고 다시 기한을 연장할 수 있었다. 조선은 농경 사회였기 때문에 농번기에는 농사에 방해가 되지 않게끔 산송뿐만 아니라 대부분의 송사가 중단되었다. 즉, 춘분에서 추분까지는 관가에서 청리聽理, 소송을 심리함를 비롯해 송사 업무를 중단했다. 그러나 8월에 추분이 지나 다시 소송을 시작하면, 투장자는 39부동총을 다시 내세워 9월을 넘기고, 10월 이후로는 온갖 방법을 동원해 몇 차례 기한을 연장하며 다시 겨울이 오기만을 기다렸다.

관에서 허용하는 굴거 기한 연장의 사유가 이처럼 다양했기 때문에 정작 투장총을 파낼 수 있는 기간은 2월, 10월, 11월 등 3, 4개월 남짓이었다. 그마저도 투장자가 차일피일 미루면서 기한을 넘겨버리면 금장자는 별 도리 없이 부지하세월이었다. 관에서 투장자를 압박하기 위하여 옥에 가둔다 해도 명절이나 상장례가 있으면 임시로 석방해야 했다. 정조 대에 이하보李夏保는 대상일大祥日, 죽은 지 두 돌 만에 지내는 제사에 투장자를 석방하지 않았다는 죄목으로 유배까지 당했다.[44]

이처럼 다양한 명분의 관한은 투장자가 투장총을 파내지 않고 버틸 수 있게 하는 원인으로 작용하였다. 이러한 폐단을 방지하기 위하여 1705년 숙종 31에는 "판결 후에도 묘를 파내지 않고 버틸 경우에는 장100 도3년에 처한다"는 규정을 마련하였다. 그러나 법 규정도 특별히 효과가 없었는지 이러한 규제로 투장자의 거굴 행위는 위축되지 않았다. 투장자의 거굴 행위에 위세가 수반되면 투장총을 파내기는 더욱 요원해졌다. 투장자가 위세를 앞세워 금장자를 위협하거나 족친 및 노비 들을 동원하여 금장자의 집에 쳐들어가서 가재도구를 부수고 금장자를 구타하는 등 무단 행위가 자행되는 폐단이 뒤따랐기 때문이다.

체송, 그 끝없는 갈등의 끝은 어디인가

노상추와 박춘로의 산송은 향촌에서 시작하여 상경정소로 이어져 아홉 번이나 상언·격쟁으로 치열하게 대립한 끝에, 4년여 만에 유뱃길을 목전에 두고서야 겨우 마무리되었다. 그 구체적인 전개과정을 검토함으로써 체송의 현장으로 들어가보자.

소송은 일차적으로 향촌에서 진행되었다. 1807년순조 7 1월 노씨가에서 선산 부사에게 소지를 올려 투장총을 파내줄 것을 호소하였다. 선산 부사 이의교李義敎는 직접 현장에 나가 두 집안의 분산을 조사한 끝에 노씨 측에 승소 판결을 내렸고, 박춘로는 5월 말일까지 묘를 파내겠다는 다짐을 제출하였다. 박춘로가 모친 묘를 파내면 끝나는 사건이었고, 소송은 곧 마무리될 듯했다.

그러나 박씨가에서 묘를 파내는 대신 경상도 관찰사에게 의송議送, 군현 수령의 판결에 불복하여 관찰사에게 올린 청원서을 올려 억울함을 호소하면서 소송은 다시 불거졌다. 박씨가의 의송을 받은 관찰사는 선산 부사에게 재조사 명령을 내렸고 결국 선산 부사는 다시 현장 조사를 거행했다. 이 과정에서 두 집안의 분묘 사이에 위치한, 이극인의 아이 무덤이 문제가 되었다. 박씨가에서는 노씨 측 분묘에서 보았을 때 이극인의 아이 무덤이 자신의 모친 묘보다 더 가까운데 이는 제쳐두고, 더 먼 곳에 있는 자신의 분묘만을 금장하는 것은 부당하다고 주장했다.

2차 현장 조사 결과가 불리하게 나오자 노씨 측은 새로 작성된 산도에 서명을 거부한 채 버텼고, 소송은 명확한 판결을 유보한 채 지연되었다. 그사이 박씨가는 노씨가에서 불손한 말을 많이 하고 다닌다고 선산부에 고소하였다. 어떤 불손한 말인지 명확하게 드러나지는 않지만 선산 부사에 대한 비판이었던 것으로 보인다. 선산 부사는 관장官長을 능멸한 죄목으로 노씨가 사람들을 잡아들여 형장을 가하고 판결을 번복하여 박씨가에게 승소 판결을 내렸다. 노씨 측은 이미 승소하고도 수령을 능멸했다는 소송 외적인 문제로 판결이 뒤집혀 패소당했다.

위기에 직면한 노씨가에 새로운 구원투수로 나선 이가 바로 노상추다. 멀리 강화도에서 관직생활을 하다가 그해 여름과 가을 사이에 체직되어 고향에 돌아온 노상추의 등장으로 소송은 새로운 국면에 접어든다. 노상추는 귀향해 3개월 동안 관찰사에게 일곱 차례나 원정을 올렸다. 끈질긴 정소 끝에 결국 다시 조사하라는 관찰사의 명을 받아낸다. 관찰사는 선산 부사 대신 칠곡 부사 이엽李燁을 조사관으로 배정해 현장 조사를 다시 실시하였다. 왜 조사관이 바뀌었는지는 알 수 없지만 객관적인 재조사를 위하여 타 고을 수령을 배정한 것으로 보인다. 그러나 박씨 측에서는 칠곡 부사가 배정된 배경에 노씨 측의 의도가 개입됐다고 주장하였다. 즉 노상추의 아우 노상근이 감영의 별장別將 자리를 얻은 후, 백방으로 청탁한 끝에 칠곡 부사로 조사관이 바뀌었다는 것이었다. 그러나 노씨 측에서는 노상근이 별장이 된 것은 조사관이 정해진 이후라며 박씨 측의 주장을 반박하였다. 조사관 배정과정의 잡음 속에서 재조사는 진행되었고, 칠곡 부사는 관찰사에게 산도를 작성해서 제출하였다. 관찰사는 이에 근거하여 1807년 11월, 선산 부사의 판결을 번복해 다시 노씨 측의 승소 판결을 내리고 박씨가의 분묘는 독촉해서 파낼 것을 명하였다.

당시 선산은 부사가 없는 공관空官이었기 때문에 개령 현감이 선산의 일을 겸하고 있었다. 관찰사의 명을 받은 개령 현감은 즉시 박춘로를 옥에 가두고 묘를 파낼 것을 강하게 압박하였다. 그러나 박춘로는 판결에 승복하지 않았고 굴거하겠다는 다짐장에 서명하는 것도 거부하였다. 오히려 노상추가 삭주 부사로 있을 때 칠곡 부사의 아우와 친밀한 관계였고, 노상추가 사방으로 청탁해 판결이 뒤집혔다고 주장하면서 관찰사에게 다시 의송을 제출하는 등 다방면으로 노력하였다. 그렇게 박춘로가 옥에 갇힌 채 해가 바뀌었고 관찰사도 교체되었다.

1808년순조 8 봄, 개령 현감은 새로 부임한 관찰사에게 소송이 지체되고 있음을 보고하였다. 관찰사는 박춘로에게 형장을 가하라는 엄중한 처분을 내렸다. 형장의 위협 앞에 박춘로도 굴복할 수밖에 없었다. 수개월 동안 옥에서 버텼지만 결국 포기하고 10월까지 굴거하겠다는 다짐장에 서명을 하였다.

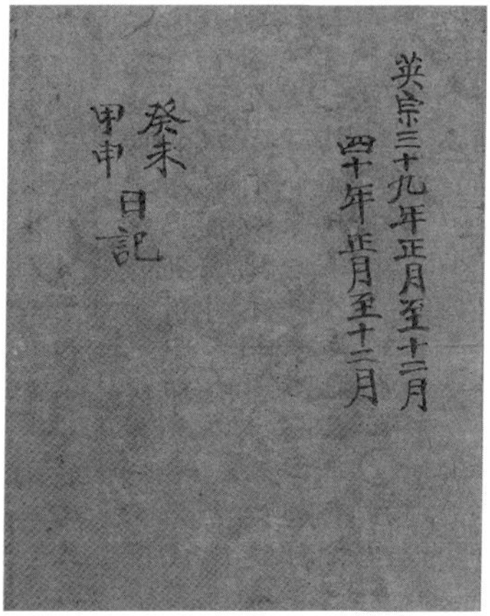

노상추의 일기, 국사편찬위원회 소장

이제는 정말 소송이 끝나가는 듯했다. 그러나 암행어사가 경상도에 내려오면서 상황은 다시 급변한다. 7월 13일 암행어사 여동식呂東植이 선산에 출두하자 박춘로는 그에게 억울함을 호소해 결국 독굴督掘, 분묘를 독촉해서 파냄을 중지하라는 명을 받아낸다. 그러나 소송 판결까지 뒤집힌 것은 아니었다. 관찰사의 판결은 인정하면서 단지 분묘를 파내는 것만 중지시킨 것이다.

이처럼 노상추와 박춘로의 산송은 투장총만 파내면 끝나는 간단한 소송이었으나 박춘로가 옥에 갇히면서까지 버티는 바람에 장기화되었다. 향촌에서의 산송은 끝날 기미도 없이 점차 격화되고 지체되기만 했다. 소송이 계속 지연되며 투장총을 굴거할 가망이 점차 희박해지자 노상추가에서는 상경해 국왕에게 정소하는 방법을 모색하게 된다.

상언·격쟁, 국왕에게 호소하다

노상추가에서는 1808년순조 8 3월에 처음 상경정소를 계획했으나 이때는 상언의 형식이 격식에 위배되어 접수조차 못 했다. 이후 1811년 4월까지 약 2년 동안 수차례에 걸쳐 상경정소를 추진했는데, 이 기간 동안 노씨가에서는 상언 5회, 격쟁 2회 등 총 7회, 박춘로는 두 차례의 격쟁을 시도하였다.

노상추가 매일 작성한 일기가 현재까지 전하는데, 상언·격쟁에 대한 기록도 빠짐없이 기록되어 있다. 노상추의 일기에서 상언·격쟁에 관한 기록을 뽑아 정리하면 다음과 같다.

	상언·격쟁 날짜	능행 정보 확인 날짜		상언·격쟁 준비 기간	
1차 상언	1808년 3월 13일~16일	3월 5일	8일~11일 전	3월 5일 시작 3월 6일 상경	8일~11일
2차 격쟁	1808년 8월 11일	윤5월 10일	3개월 전	8월 3일~6일	8일
3차 상언	1809년 2월 13일			2월 5일 상경	11일 이상
4차 상언	1809년 9월 6일	8월 19일	16일 전	8월 25일~9월 2일	10일
5차 상언	1810년 2월 3일	1월 14일	18일 전	1월 14일~28일	19일
6차 상언	1811년 3월 10일	2월 1일	38일 전	2월 13일~19일	26일
7차 격쟁	1811년 4월 19일			4월 11일~16일	8일

상언·격쟁은 국왕의 궐 밖 거둥, 즉 종묘 제사나 능행길에 주로 이루어졌다. 이는 정기적인 행차였기 때문에 수개월 전부터 국왕의 일정을 예상할

수 있었고, 행차 일정이 확정되면 본격적인 준비 작업을 추진할 수 있었다.

도표를 보면 노상추 역시 대체로 15일에서 30일 전에 구체적인 능행 정보를 확인하고 상언·격쟁 준비를 시작했음을 확인할 수 있다. 능행 일정은 승정원에서 주기적으로 각 관청 및 관원에게 배포하는 조보朝報에서 확인하였다. 상언·격쟁을 준비하는 데 보통 10~20일 정도 걸렸는데, 대부분 상언·격쟁을 위한 문서의 작성과 수정 작업에 집중했다.

1808년 3월에 노상추는 1차 상언을 하고 이것이 실패한 지 5개월 후인 8월, 가을철 능행길에 2차 격쟁을 행했다. 가을철 능행은 경기도 파주의 3릉을 전배展拜, 궁궐·종묘·문묘·능침 등에 참배함하기 위한 행차였다. 능행 첫날인 8월 8일, 순조가 창덕궁을 출발해 고양 행궁에서 하룻밤을 머문다. 둘째 날에 파주로 향해 영릉永陵, 효장세자 진종릉, 순릉順陵, 성종비 공혜왕후릉, 공릉恭陵, 예종비 장순왕후릉을 차례로 전배한 뒤 파주 행궁에서 유숙한다. 셋째 날에는 소령원昭寧園, 영조 생모 숙빈 최씨의 묘과 수길원綏吉園, 영조 후궁 정빈 이씨의 묘을 전배한 후 고양 행궁에서 하룻밤을 묵고 다음 날 11일에 환궁하는, 3박 4일의 일정이었다.

노상추는 능행의 마지막 날 국왕 행차가 창덕궁으로 환궁하는 길목, 즉 서대문 밖 안현鞍峴[45] 아래에서 기다리고 있다가 행차를 가로막고 격쟁을 시도하였다. 노상추가 직접 나서지 않고 조카 기엽이 대신 격쟁을 실행하였다. 노기엽은 며칠 뒤 형조에 나아가 행차를 방해한 죄목으로 먼저 형장 50대를 맞은 후 격쟁원정擊錚原情을 접수하였다. 원래 격쟁은 문자를 모르는 이가 징을 두드리며 억울함을 말로 호소하는 방법이었으나 격쟁이 활성화되면서 문서로도 가능해졌다. 격쟁원정이 바로 그것이다.

상언·격쟁을 처리하는 절차는 담당 관청, 즉 소송 관련 상언은 한성부, 격쟁은 형조를 통해 해당 지역의 관찰사에게 그 내용을 내려보내 조사·보고를 명한다. 그러면 관찰사는 수령에게 조사 보고를 받아 다시 조정의 담당 관청에 보고하고 최종적으로 담당 관청에서 국왕에게 보고하여 결정하는 방식이었다. 노기엽의 격쟁 또한 이러한 절차에 따라 경상도 관찰사에게 지시가 내려가 재조사가 시작됐다.

그런데 오히려 격쟁을 시도한 노씨가에 불리하게 조사가 전개되었다. 당시 경상도 관찰사였던 정동관鄭東觀이 "소송은 기한을 정해 투장총을 굴거하겠지만, 기한을 기다리지 않고 성급하게 격쟁을 한 노씨가 또한 관장을 무고한 죄목으로 다스려야 한다"고 보고한 것이다. 노기엽의 격쟁이 도리어 지방관의 반감을 초래해 소송의 흐름을 바꾸는 결정적인 계기로 작용하였다.

설상가상으로 박춘로 측에서도 상경정소를 시도함으로써 노씨가에게 맞대항했다. 그는 1809년 1월 7일, 순조가 종묘, 경모궁에 행차하는 날을 기다렸다가 동대로東大路에서 격쟁을 시도하였다.

박춘로의 격쟁에 위협을 느낀 노상추가에서는 다음달 16일, 다시 조카 노필엽을 내세워 3차 상언을 시도하였고, 바로 이틀 뒤에 박춘로의 격쟁이 다시 이어졌다. 양측에서 상언·격쟁을 동시에 시도하자 조정에서는 그에 대한 처리를 동시에 진행하였다. 노씨가의 상언은 한성부를 거치고, 박춘로의 격쟁은 형조를 거쳐 다시 경상도 관찰사에게 내려갔다. 몇 개월 뒤 관찰사는 다음과 같이 보고했다.

> 노필엽이 금장하는 것은 선영에서 가까운 곳으로 좌향坐向이 동일하고 앉거나 서서 보인다는 이유입니다. 박춘로가 굴거하지 않는 것은 아들 무덤 위에 입장하여 족산 내 부장祔葬이며, 노씨 측이 가까운 묘는 그대로 두고 먼 곳을 금장한다는 이유에서입니다. 이제 조사 보고서와 산도를 보니 (중략) 박춘로의 호소가 이상하지 않은 것 같습니다.[46]

관찰사의 보고를 근거로 조정에서는 박춘로의 승소, 노상추의 패소 판정을 결정하였다. 결국 노씨 측은 향촌에서 세 차례 승소하였으나, 상언·격쟁 끝에 판결이 뒤집혀 패소하게 되었다. 노씨 측에서는 국왕의 판결 이후에도 승복하지 않고 노상추가 직접 나서서 계속적으로 상언을 시도하였다.

4차 상언은 순조의 가을 능행길에 이루어졌으나 문서의 격식이 규정에 어긋난다 하여 접수조차 되지 못했다. 노상추는 다음해 봄 능행길에도 수교에서 5차 상언을 올려 억울함을 호소하였고, 다시 해가 바뀐 1811년 봄 능행길에서 6차 상언을 올렸다.

이 가운데 1810년 봄, 5차 상언을 시도하는 과정을 구체적으로 살펴보자.

노상추의 5차 상언 추진과정

날짜	준비 내용
1월 14일	· 능행 정보: 조보를 보고 능행 날짜를 알게 됨. · 주부 이제년, 수문장 박경덕, 주부 정시를 방문. · 박경덕이 상언의 정서를 약속함.
1월 15일	· 선달 정륵에게 다시 상언의 정서를 청함. · 세 글자가 누락되어 버리고 다시 씀.
1월 16일	· 정륵이 와서 상언을 개서(改書)하였으나 끝내지 못함.
1월 17일	· 정륵이 와서 상언의 정서를 마침.
1월 20일	· 직접 격쟁원정을 수정함. · 김이도가 한성부 판윤이 됨.
1월 21일	· 원정의 정서를 마침.
1월 22일	· 능행 정보 확인.
1월 25일	· 상언 초안을 확정하기 위해 성균관을 방문. · 지평 정원선, 도사 이구성이 함께 모임.
1월 26일	· 어제 정서한 것이 합당하지 않아 정륵이 와서 상언 초안의 수정 문제를 논의함.
1월 27일	· 능행 정보: 의소묘(懿昭墓, 영조 손자 의소 세손의 묘) 행차할 때 선희묘(宣禧墓, 영조 후궁 영빈 이씨의 묘)에 들른다고 명함.
1월 28일	· 정륵과 상언 개정본의 정서 작업을 마침.
2월 1일	· 참의 송면재를 방문, 승지 정내백에게 상언의 봉납(捧納)을 청탁하는 편지를 청함. · 승지를 겸한 참판 한치응을 방문, 상언 봉납을 청탁함.
2월 3일	· 숭례문 못 미쳐 수교에서 상언.

상언은 국왕의 행차 정보를 확보하는 것에서 시작해 소장을 작성하고 능행 정보를 계속 확인하는 등의 치밀한 계획하에 추진되었다. 1810년 1월 14일 조보를 통해 봄철 능행이 2월 3일에 있음을 확인하자마자 바로 5차 상언 준비에 착수했음을 볼 수 있다. 그런데 준비과정을 자세히 들여다보면 지인들과 지속적으로 논의하면서 도움을 받고, 상언의 원활한 접수를 위한 청탁 편지도 빼놓지 않는다.

뿐만 아니라 상언 준비를 하면서 중간에 수차례 계획이 변경된다. 1월 15일부터 정륵이 상언을 정서正書하지만 20일에는 노상추가 직접 격쟁원정을 수정하기 시작하고, 25일부터는 다시 상언 초안을 수정하기 시작하여 28일에 정서를 마친다. 상언→격쟁→상언으로 정소 방법도 여러 차례 바꾼다. 뜻을 성취하는 데 어느 쪽이 더 효과적일지 계속 고민한 결과일 것이다.

여기에서 주목되는 점은 상언·격쟁원정을 다른 사람에게 부탁하여 정서 및 수정하는 모습이다. 상언은 원칙적으로 친제친정親製親呈, 즉 정소인이 직접 작성해 직접 제출해야 한다. 다른 사람이 대신 작성해줄 경우에는 장100에 처하고 문서는 접수하지 않았다.[47] 그러나 노상추는 직접 문서 내용을 수정하기도 했지만 대체로 글씨를 잘 쓰는 사람에게 부탁해 정서하였고, 이를 부탁받은 사람도 친제 원칙을 들어서 거절하지 않았다.

현실적으로 친제 원칙은 잘 지켜지지 않았다. 담당 관청에서는 문서만으로 정소자가 직접 작성했는지 안 했는지를 확인하기 쉽지 않았을 것이고, 정소자들은 문서의 호소력을 높이기 위해 가능한 한 좋은 문장과 잘 쓴 글씨를 선호했기 때문에 대제代製, 대필가 관행화되었다. 그렇다면 관에서는 친제와 대제를 어떻게 구분했을까? 문서상의 상언·격쟁을 올리는 사람과 이를 제출하는 사람의 이름이 일치하면 친제친정으로 인정했을 것이다. 이렇게 볼 때 노상추는 실제로는 대제를 했지만 관에서는 친제로 인정받을 수 있었다.

노상추의 상언 추진과정에서 볼 수 있듯이 한 차례의 상언·격쟁을 위해 많은 시일과 노력이 요구되었다. 여섯 차례나 이를 시도했다는 사실은 그저 놀라울 따름이다. 이런 노력에도 노상추의 억울함은 받아들여지지 않았고 오히려 그는 위기에 빠진다. 국왕의 판결을 거부하고 수차례 상언을 계속함이 이치에 어긋난다 하여 비리건송非理健訟으로 지목된 것이다.

의금부에 갇힐 위기에 직면한 노상추는 또다시 7차 격쟁을 준비한다. 1811년 4월 19일, 비리건송의 죄목으로 의금부에 수옥囚獄되는 동시에 격쟁원정을 접수했다. 노상추는 그날의 상황을 다음과 같이 기록하였다.

> 원정의 좌기坐起, 관청의 수장이 출근하여 정무政務를 처리함를 거행하는 절차는 다음과 같았다. 옥에 갇힌 후에 서리가 원정을 받들고 당상관들의 좌기에 가져간다. 그 후 옥에 갇힌 죄인을 차례로 한 사람씩 호두각虎頭閣의 처마 안으로 잡아들여 꿇어앉히고 하례下隷, 종가 백장白杖 한 묶음을 죄인 뒤에서 그의 머리를 넘겨 앞으로 던졌다. 이를 산장散杖이라고 한다. 또 죄인을

호두각 안으로 끌고 들어가 대청 계단 아래에 꿇어앉혀 땅에 엎드리게 한 후 낭관이 경상도 관찰사의 보고서를 읽었다. 그 후에 원정을 관찰사의 보고서에 첨부하여 이어붙이고 다짐을 받고 끌려나가 옥으로 돌아왔다. (중략) 들으니 원정은 곧바로 왕에게 보고되었다고 한다.[48]

노상추가 의금부에 수옥된 것은 관료 출신이었기 때문이다. 조선시대에는 죄인을 담당하는 관청을, 관직자는 의금부로 관직이 없는 일반 백성은 형조로 구분하는 정책을 취했다. 죄인을 유배 보낼 때에도 이 정책은 그대로 적용되어 관직자는 의금부 서리書吏나 나장羅將이 유뱃길을 호송하였고, 양반이라도 관직이 없을 경우 직접 형조에 출두해 역졸驛卒들이 교대로 호송하였다.[49]

죄인의 신분과 지위에 따른 구분은 격쟁원정 접수 절차에도 그대로 적용되었다. 노상추가 받은 산장이 이를 잘 보여준다. 상언인과 달리 격쟁인은 죄인으로 취급하여 형조에서 먼저 형장을 받은 후 원정을 접수할 수 있었다. 그런데 의금부에서 노상추의 원정을 접수할 때 적용한 산장은 형조의 형장과는 다른 형태였다. 즉 원정인을 의금부 호두각 처마 밑으로 데려가 꿇어앉힌 다음, 종이 원정인의 뒤에서 나무막대기 한 묶음을 원정인 머리를 넘겨 던지는 처벌이었다. 격쟁인에게 직접 형장을 가하는 것이 아니라 퍼포먼스식으로 형식화된 형장이었던 것이다. 형벌은 위로는 대부까지 미치지 않는다는 『예기』 이념을 적용해 관직자 우대 차원에서 행해진 형벌이었다.

이처럼 노상추가 의금부에 갇히면서까지 시도한 7차 격쟁은 끝내 별다른 성과를 보지 못했다. 오히려 그는 비리건송의 죄목으로 유뱃길에 오를 위기에 처했다가 겨우 왕명으로 사면받아 특별 석방된다. 그러나 이를 계기로 그는 4년여에 걸친 산송을 모두 접고 낙향할 수밖에 없었다. 그로부터 4년 후 어느 가을날, 그는 조상묘를 성묘하며 그때까지도 투장총을 파내지 못한 자신의 처지를 한탄했다고 한다.

사굴, 차라리 유배를 택하다

노상추가 국왕의 판결에도 승복하지 않고 상언·격쟁을 반복할 수밖에 없었던 것은 조상의 분묘가 걸려 있었기 때문이다. 금장자는 조상의 분묘에 누를 끼치지 않기 위해 필사적으로 투장총을 굴거해야 했다. 자손된 도리로도 마땅했지만 집안의 사회적 위상, 즉 가격家格이 걸린 문제였기에 결코 물러설 수 없었다.

그러나 금장자의 절박함과 달리 투장총에 대해서는 투장자가 스스로 파내는 '자굴'의 원칙이 철저하게 지켜지고 있었다. 어떠한 상황에서도 금장자가 투장총을 훼손하는 일은 허용되지 않았다. 승소하더라도 투장총을 함부로 파낼 수는 없었다. 반드시 투장자가 직접 굴거해야 했다. 앞서 살펴봤듯이 투장자가 굴거하지 않고 버틸 경우 금장자가 취할 수 있는 방법은 제한적이었고, 소송은 구조적으로 체송될 수밖에 없었다.

투장자가 투장총을 파낼 가망이 없어 보일 때 금장자가 취할 수 있는 방법에는 '관굴'과 '사굴'이 있다. 관굴은 공권력을 동원해 투총을 굴거하는 방법으로, 투장자가 장기간 나타나지 않는 경우의 예외적인 상황이 아니면 쉽게 허용되지 않았다. 관굴이 관철되지 않을 경우 금장자가 행할 수 있는 가장 강력한 저항은 관의 허락 없이 사적으로 분묘를 파내는 사굴이었다.

사굴은 어떠한 경우에도 법적으로 금지하였고, 이를 어길 경우 엄중한 처벌이 뒤따랐다. 그렇기에 쉽사리 사굴을 행할 수는 없었다. 대신 사굴을 감행할 수도 있다고 투장자를 위협할 수는 있었다. 직접 분묘를 훼손하지 않으면서 분묘 주위를 파내는 위굴圍掘이 바로 그것이다. 1847년 5월, 전라도 무장에 살던 김성록金聖祿이 위굴을 당해 무장관에게 이를 정소한 문서가 현재까지 전한다.

민民의 죽은 아들 묘를 지난 2월에 본면장자산면莊子山面 장산莊山의 산록에 입장하였습니다. 그때는 금장하는 사람 하나 없었는데, 뜻밖에 이번에 영광 사는 신씨 성을 가진 자들이 자기네 선산의 국내라고 하면서 수십 척을 위굴하였습니다. 분묘 주인에게 묻지도 않고 사적으로 늑굴勒掘, 남의 무덤을 강제로 파냄하는 죄는 법전에 실려 있으니, (중략) 신씨가의 문장門長, 문중

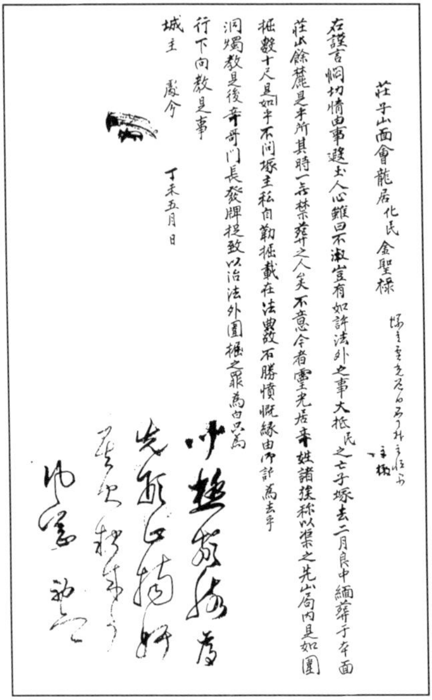
莊子山面會龍居化民金聖祿
右謹言憫切情由事遝去人心雖曰不淑豈有如許法外之事大抵民之亡子塚去二月良中緬葬于本面
莊山餘麓是乎所其時一無禁葬之人矣不意今者靈光居申姓諸族稱以渠之先山局內是如圍
掘數十尺是如乎不問塚主私自勒掘載在法典故不勝憤慨緣由仰訴爲去乎
洞燭敎是後申哥門長發牌提致以治法外圍掘之罪爲白只爲
行下向敎是事
城主 處分
丁未五月 日

김성록 소지(所志)

에서 항렬과 나이가 제일 위인 사람을 잡아다가 법을 어기고 위굴한 죄를 다스려 주시기 바랍니다.[50]

금장자인 신씨 집안에서 관의 허락도 없이 사적으로 위굴했으니 그 죄를 처벌해달라는 내용이다. 법 규정에는 사굴에 대한 처벌 조항은 있지만 위굴에 대한 규정은 보이지 않는다. 그러나 김성록의 청원으로 볼 때 위굴도 사굴의 한 형태로 취급해 처벌 대상으로 삼은 것으로 추정된다.

위굴은 특히 투장자를 찾아낼 수 없을 때, 투장자가 스스로 나타나게 하는 데 효과적이었다. 위굴을 행하면 자칫하다가 분묘가 파헤쳐질지도 모른다는 위협을 느꼈기 때문에 투장자는 묘를 지키기 위해서 나타날 수밖에 없었다.

전라도 고산현에 살던 이한문李漢文은 3백여 년 동안 수호해온 전주 지역 선산에 모두 여섯 차례나 투장의 피해를 당했다. 그런데 아무리 찾아도 투장자가 나타나지 않아 투장총을 굴거할 길이 없었다. 전주 부윤에게 관굴을 요청했지만 관에서는 계속하여 투장자를 찾아오라는 처분만 내릴 뿐이었다. 이에 이한문은 일보 후퇴하여 위굴이라도 하게 해줄 것을 요청하였다.

> 사람들 모두 위선의 마음은 피차 마찬가지겠지만, 어찌 이를 참을 수 있겠습니까? 투장자가 나타나지 않으면 관례에 따라 위굴한 연후에야 반드시 붙잡아들일 방법이 있을 것입니다.[51]

이한문은 관굴이 허용되지 않는 상황에서 투장자를 찾기 위한 방법은 위굴밖에 없다고 호소하였다. 그러나 전주 부윤은 이번에도 해당 마을에 전령傳令을 보내 투장자를 찾으라는 처분을 내렸다. 이한문은 이 같은 관의 처분에 어떻게 대응했을까? 같은 달 전라도 관찰사에게 올린 의송을 살펴보자.

> 본관의 뎨김題音, 소지에 대한 처분과 전령을 받아 즉시 산 아래 근동에 가서 갈림길에 방榜을 설치하고 동임洞任, 동네의 일을 맡아보는 이으로 하여금 함께 밤낮으로 투장자를 찾아내게 하였습니다. 아! 그러나 저 흉악한 자가 끝내 나타나지 않아, 저 여섯 놈들의 투장총을 모두 아울러 위굴하게 하였습니다.[52]

전주 부윤의 처분대로 이한문은 우선 분묘가 있는 산 아랫마을에 가서 투장자를 찾는다는 방문榜文을 세웠다. 이렇게 해도 투장자가 나타나지 않자 마을 대표의 관할하에 위굴을 거행하였다.

그 효과가 있었는지 여섯 개의 투장총 가운데 한 무덤의 주인이 나타났다. 이한문은 나머지 다섯 개의 투장총에 대해서도 전라도 관찰사에게 관굴을 요청하였다. 관찰사의 허락을 받은 이한문은 전주 부윤에게 다시 관굴을 요청해 마침내 "독굴하라는 뜻으로 해당 마을에 전령하라"는 처분을 받아낸다.

이한문은 전주 부윤과 전라도 관찰사 그리고 산 아랫마을 사이를 왕래하며 수차례에 걸쳐 정소를 하고 투장자를 수색하여 겨우 위굴과 관굴을 실현할 수 있었다. 이 사건을 통해 위굴 및 관굴의 절차가 매우 까다롭고 엄격했음을 확인할 수 있다.

관굴과 위굴도 이렇듯 그 시행이 까다로운데 하물며 관의 허락 없이 하는 사굴은 관에서 어떻게 처리하였을까. 1873년고종 10 12월 전라도 전주의 이기운李起雲 등이 사굴을 살인죄에 의거해 처벌을 요청할 정도로 성리학적 이념이 철저했던 조선 후기에 사굴은 엄격하게 금지되었다.[53]

관의 엄격한 금지령 때문에 금장자 측에서는 가능한 한 사굴은 자제하면서 관굴을 계속 요청했다. 그러나 형세가 다급하고 투장자가 투장총을 파낼 가망이 보이지 않으면 유배형을 감수하면서까지 금장자가 직접 사굴을 감행하였다. 강력한 법적 제재에도 불구하고 18세기 후반 이후로 점차 사굴이 확산되었고 고질적인 폐단이 되어갔다. 다음과 같은 정조의 지적은 18세기 후반에 사굴이 이미 사회 문제화됐음을 잘 보여준다.[54]

> 산송에서 사굴은 진실로 하나의 고질적인 폐단으로 이전에 엄금하였는데 얼마 되지 않아 다시 법을 범하였다.[55]

사굴 후 유배형을 받더라도 다양한 이유로 사면을 받을 가능성이 열려 있다는 상황도 사굴 성행의 한 요인으로 작용하였다. 다음은 1811년순조 11 3월 비변사에서 지적한 사굴의 폐단이다.

> 사사로이 무덤을 파는 죄는 형률에서 본래 유배형에 처하는데 사면을 받으면 번번이 석방되므로 억지를 쓰면서 처벌을 두려워할 줄 모르고 사사

로이 사람을 쇠뭉치로 때려 죽여서 파묻어버리는 등 몹시 참혹한 일이 달마다 생기는데도 관리가 금지할 수 없습니다. 이후로는 자수하기를 기다리지 말고, 기필코 계획을 꾸민 원범元犯, 실제로 범죄를 저지른 사람을 조사하여 형률을 적용한 뒤에는 널리 사면하는 때가 된다 하더라도 결코 사면하는 은전恩典, 나라에서 은혜를 베풀어 내리던 특전에 포함시키지 않도록 한다면, 악한 자를 징계하고 간사한 짓을 그치게 할 것입니다. 이것을 팔도에 알리고 기록하여 정식으로 삼게 하소서.[56]

이는 전라도 담양의 산송 폐단을 논의하는 과정에서 나온 주장으로, 사굴이 끊이지 않는 원인으로 사면을 지적하였다. 사굴한 후 자수하여 유배형을 받더라도, 이러저러한 이유로 사면해주기 일쑤였으므로 금장자가 처벌을 두려워하지 않고 사굴을 행한다는 것이다. 비변사에서는 이에 대한 해결책으로 사면령이 있더라도 사굴 죄인에게는 적용하지 말 것을 요청했다.

비변사의 요청으로 사굴에 대한 사면을 금지했지만, 별다른 효과는 보지 못한 듯하다. 금장자가 사굴까지 고려할 정도면 이미 '차라리 관에 죄를 지을지언정, 조상을 욕보일 수는 없다'고 인식하고 있어 사굴을 감행한 뒤 스스로 관에 나아가 죄를 청했기 때문이다. 조상이 안거하는 분산 구역 내의 투장총을 그대로 방치하면 조상에게 낯을 들 수 없기 때문에 차라리 국법을 어기고 벌을 받더라도 조상을 편히 모시겠다는 것이었다.

사굴에 대한 이와 같은 인식은 누이의 분묘를 사굴하는 상황까지 초래

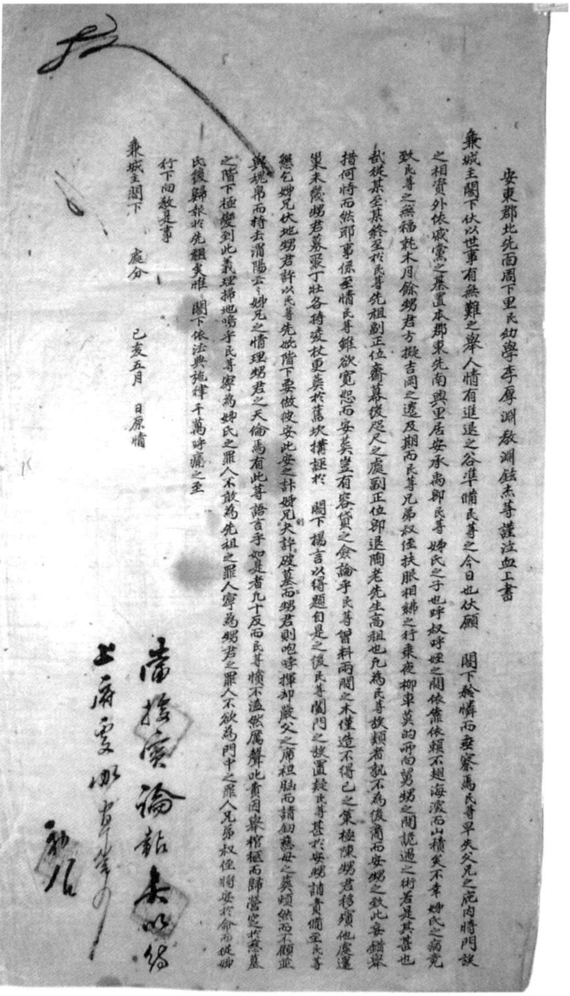

이후연 등의 등장(等狀), 한국학중앙연구원 소장 | 이후연 등은 결혼한 누이의 분산 입장을 거부하여 사굴하기에 이른다. 누이의 분묘까지 사굴하는 모습에서 그 당시의 종법의식을 엿볼 수 있다.

하였다. 15, 16세기까지만 해도 결혼한 누이가 친정의 분산에 입장하는 것은 자연스러운 현상이었다. 그러나 17세기에 종족질서가 확립되고 부계 중심으로 종산이 형성됨에 따라 여손女孫의 종산 입장은 점차 배제되었다. 이러한 상황에서 경상도 안동의 이후연李厚淵 집안에서는 시집간 누이의 분산 내 입장을 허용하지 않고 사굴까지 감행하였다. 1899년광무 3 이후연 등이 안동 겸관에 제출한 등장等狀, 여러 사람이 함께 관청에 호소하는 청원서에 사굴을 감행하는 당사자들의 심정이 잘 드러난다.

본군안동군 동선면 남흥리에 사는 안승우安承禹는 우리 누님의 아들입니다. 불행히 누님이 사망하여 한 달 후에 조카가 길지에 안장하고자 했습니다. 우리 형제, 숙질 들은 장례 행렬을 따라가는데, 밤을 틈타 상여가 어디로 향하는지 알 수 없었습니다. 끝내 이른 곳이 선조 부정공副正公, 이운후李云候의 재실齋室에서 지척인 곳이었습니다. (중략) 조카에게 다른 곳으로 옮길 것을 간곡히 청하고 집에 돌아왔는데, 얼마 후 조카가 장정을 모아 몽둥이를 들고 다시 그 자리에 시신을 묻었습니다. (중략) 자형은 흔쾌히 파묘破墓를 허락하였으나 조카는 소리 지르며 저항하였습니다. 저희가 분하여 큰 소리로 질책하고 관을 들어내어 어머니 묘 아래에 묻었습니다.

오호라! 저희는 차라리 누님의 죄인이 될지언정 조상의 죄인이 될 수 없고, 생질의 죄인이 될지언정 문중의 죄인이 되고 싶지 않습니다.[57]

이후연 집안에서는 누이와 생질의 죄인이 될지언정 조상과 문중의 죄인은 될 수 없다고 항변하였다. 이후연은 망자와 남매간이며, 투장자와는 외삼촌과 생질 사이였다. 그러나 개인적인 관계보다는 문중 중심의 종법의식이 우선적으로 작용했기 때문에, 누이의 분묘가 종산에 입장하는 것을 금장할 수밖에 없었고 나아가 사굴까지 감행하였던 것이다.

누이의 분묘까지 사굴하는 상황은 문중 중심의 종법의식과 위선의식의 극단적인 표현이라 할 수 있다. 그러나 이는 부계 중심의 종법질서를 바탕으로 하는 위선의식과 성리학적 도덕성을 중요시하는 18, 19세기 조선 사회에서 자연스러운 현상이었다.

삼굴삼장三掘三葬, 분산수호 작전

관굴과 사굴은 산송의 사회적 성격을 극명하게 보여주는 현상으로 소송을 격화하는 주요 요인이었다. 조선 후기 전라도 광주, 남평, 화순 일대에 세거한 전의 이씨 집안의 산송을 통해 이에 대해 보다 구체적으로 살펴보기로 한다.[58]

전의 이씨 집안은 원래 서울 근교에 살며 조정에서 활약한 관료 집안이었다. 16세기 무렵 석탄石灘 이신의李愼儀, 1551~1627는 경기도 고양 석탄에 서재를 짓고 살던 중 임진왜란이 일어나자 향군 3백 명을 모아 의병 활동을 전개하였다. 그 후 그는 광해군의 폐모론을 반대하는 상소를 올려 함경도 회령에 유배되었다. 유배생활 중에 큰아들 정길貞吉이 사망하자 이를 계기로 이씨 집안은 전라도 남평으로 낙남落南한다. 시아버지는 유배되고 남편은 사망하자 큰며느리 광산 이씨가 세 아들을 데리고 친정인 남평으로 내려갔던 것이다. 시아버지가 해배된 후에도 광산 이씨는 고양으로 돌아가지 않았고 그 후손들도 광주, 남평, 화순 등지에 세거하면서 점차 호남 사족으로 정착해갔다.

이처럼 삶의 터전을 호남 지역으로 옮기면서 이신의의 자손들은 고양과 남평 등 여러 곳에서 분산을 수호하고 있었다. 그런데 19세기 후반에 이르면 이씨 집안은 모두 다섯 차례의 산송에 휘말린다.

1. 고양 원당면 도내동의 이신의 분산에 평민 김효길金孝吉이 투장.
2. 남평 저포면 봉산촌의 이호李頀 분산에 향리 박시후朴時厚가 투장.
3. 동복 읍내면 월봉의 이상형李相亨 분산에서 박필언朴必彦 등이 투작偸斫.
4. 광주 두방면 두암촌의 이운부李雲榑 분산에 평민 지양후池良厚가 투장.
5. 8대 조모 광산 이씨가의 선산을 외손봉사하다가 광산 이씨 본손을 칭하는 자가 돌려줄 것을 요구하며 소송.

이 가운데 남평 저포면 봉산촌에서 발생한 산송은 세 차례나 투장총을 파내고 세 차례나 다시 투장하면서 치열하게 전개되었다. 봉산촌은 이씨

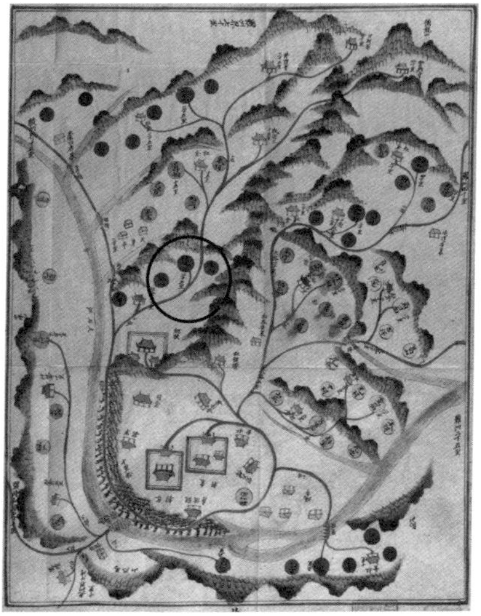

1872년 지방지도 중 남평 봉산리 분산 지형도, 서울대학교 규장각한국학연구원 소장
| 1872년 지방지도 중 남평현 지도로, 표시한 부분이 저포면 봉산리 일대다.

집안에서 낙남하여 처음 들어간 선산으로 이신의의 장손 이호의 분묘가 있는 곳이었다. 그런데 1878년고종 15 3월 남평 고을의 향리 박시후라는 자가 분묘의 좌청룡 구역 내에 자신의 처를 투장하면서 분쟁이 시작되었다.[59]

소송은 1878년 3월에 이달현 등 40인이 연명으로 남평 현감에게 등장을 제출하면서 시작되었다.

저희 6대조는 문정공 석탄 이신의의 장손으로 분묘가 관할 구역 내의

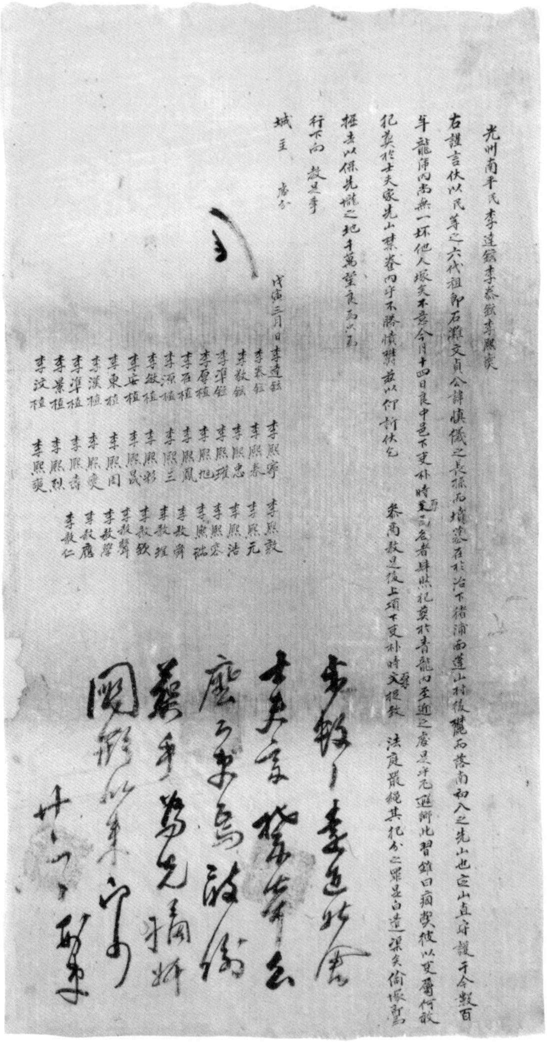
光州南平民李達鉉李恭欽李熙奭
右謹言伏以民等之六代祖即石灘文貞公諱愼儀之長孫石塘公墓在於治下猪浦面蓮山村後麓而落南初入之先山也定山直守護于今數百
年龍虎內尙無一坏他人塚矣不意今月十四日良中邑下吏朴時炅名者暗然犯葬於青龍內至近之處是乎乃
犯葬於士夫家先山禁養內乎不勝憤駭茲以仰訴伏乞
參商敎是後上項下吏朴時炅捉致 法庭嚴繩其犯分之罪是白遣
掘去以保先壟之地千萬望良爲只爲
行下向 敎是事
城主 處分
戊寅三月 日

1878년 3월 이달현 등 등장, 국립광주박물관 소장

저포면 봉산촌의 뒷산록에 있는데, 낙남하여 처음 들어간 선산입니다. 산지기를 정해 수호한 지 수백 년인데 아직까지 용호 내에 다른 분묘가 하나도 없었습니다. 그런데 이번 달 14일, 고을 하리下吏 박시후가 제멋대로 청룡 내 가까운 곳에 투장하였습니다. 먼 지방에서 이런 습속은 고질적 폐단이라고 하지만 그는 이속吏屬으로 어찌 감히 사대부가의 선산에 범장할 수 있겠습니까? (중략) 박시후를 법정에 잡아다 분수를 범한 죄를 엄히 다스리고 그의 투장총을 즉시 파내어 선영을 보존할 수 있도록 천 번 만 번 바랍니다.[60]

박시후가 투장한 날짜는 1878년 3월 14일이었는데, 이씨가에서는 3월 22일에 등장을 올려 남평 현감의 처분을 받았다. 투장이 발생한 지 불과 7, 8일 만에 이씨가에서 일족 40인의 서명을 모아 공동으로 산송을 제기한 것이다. 특정 계파만 한정적으로 참여한 것이 아니라 광주, 남평, 화순 일대의 이신의 후손들이 대거 참여하였다. 투장이 발생한 지 며칠 만에 이렇게 대규모로 즉각적인 대응을 취했다는 것은 강한 족적 결속력을 보여주는 행동이며, 족적 위세를 과시하려는 의도도 내포되어 있었다.

이씨가의 등장을 접수한 남평 현감은 곧바로 형리에게 현장을 조사해 산도를 그려오게 하였다. 그 후 직접 산에 올라가 살핀 끝에 박시후에게 4월 안으로 투장총을 굴거할 것을 명했다. 특히 "거리의 원근은 고사하고 사대부가의 선산에 하리가 어찌 감히 투장하는가?"라며 향리가 사대부 분

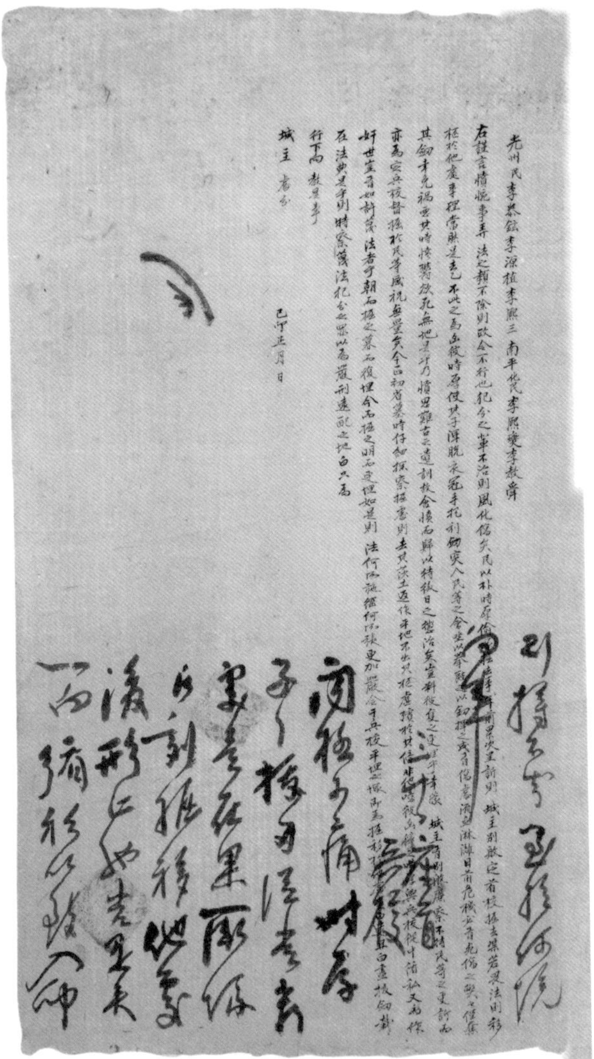

1879년 5월 이태현 등 등장, 국립광주박물관 소장

산을 침범한 점을 강조하였다. 조선은 신분제 사회였기에 비사족층이 사대부를 침해하는 것은 분수에 어긋나는 행위로 인식해 동일 신분 간의 대립보다 엄격하게 대처하였다.

여기까지의 과정을 보면, 박시후의 불법 투장에 대해 이씨가에서 매우 신속하고 강력하게 대응했으며, 소송관도 그 부당함을 인식하는 등 산송이 단기간에 마무리될 수 있는 요소를 두루 갖췄다. 그러나 소송은 그렇게 간단하게 끝나지 않았다. 박시후가 투장총을 파내기를 거부하며 계속 버텼기 때문이다.

소송관은 4월 내로 투장총을 굴거하라고 명했으나 5월이 되어도 박시후 측에서는 전혀 움직이지 않았다. 이에 이씨가에서는 이태현 등 13인이 다시 등장을 제출해 관령을 따르지 않는 박시후를 처벌하고 투장총을 즉시 굴거할 것을 요구하였다.

관에서는 박시후 측에 다시 5일의 말미를 주었으나 그는 전염병 유행을 핑계로 기한을 연기해줄 것을 요구하였다. 설상가상으로 그사이 국상까지 당해 소송은 더욱 지체되었다. 철종비 철인왕후哲仁王后가 5월 12일 승하해 9월 18일 예릉철종릉에 부장하였는데, 이 기간 동안 모든 소송이 정지되었기 때문이다.

이씨가에서는 인산일이 지나기를 기다렸다가 10월에 정소 활동을 재개하였다. 10월 한 달 동안 이씨가는 남평 현감에게 세 차례나 등장을 제출하였고, 그때마다 박시후는 기한을 넘기면서 계속 거굴하였다.

박시후의 거굴 행위가 계속되자 이씨가에서는 관굴을 요구하고 나섰다. 마침내 10월 21일, 소송관도 "박시후를 산 위에 잡아 올려 굴거하게 하되, 완강히 거부하면 파낸 다음에 잡아들이라"고 하며 관굴을 명했다. 소송이 시작된 지 1년도 되지 않아 소송관이 관굴을 결정한 것은 이례적인 조치였다.

그렇다면 실제로 관굴이 거행되었을까? 다음의 등장 내용을 살펴보자.

> 수교首校를 정해 굴거하라는 성주의 처분에도 불구하고, 그는 아들을 시켜 의관을 벗고 날카로운 검을 들고 저희가 모여 앉아 있는 곳에 돌입해 주먹으로 치고 검을 휘둘러 혹 상처가 나고 유혈이 낭자하였습니다. 목전의 위기에 필시 죽거나 다치는 피해가 있을 것이나 겨우 검을 벗어나 화를 면하였습니다. 그때의 분통함은 죽으려고 해도 죽을 곳이 없을 지경이었으나 분함을 품고 돌아와 훗날 징치할 것을 기다렸습니다. 그런데 어찌 피고가 다시 파묻을 줄 알았겠습니까? 다행히 성주께서 특별히 염찰廉察, 몰래 남의 사정을 살핌하여 저희가 다시 정소하기를 기다리지 않고 장교를 정해 독굴하여 저희는 한없이 감축하였습니다.[61]

1878년 10월, 일단 관굴이 진행되었음을 알 수 있다.(1차 관굴) 그러나 관굴과정에서 박시후 측에서 아들을 동원해 칼을 휘두르며 위협하였고 이미 굴거한 분묘를 다시 묻는 상황이 벌어졌다.(1차 갱매更埋) 투장자가 무력을 동원해 거굴하자 관에서는 이씨가의 정소를 기다리지 않고 즉시 장교를 보내 투장총을 재차 굴거하였다. 관의 강경 대응에 박시후 측도 관굴을 수용함으로써 소송은 일단락되는 듯했다.(2차 관굴) 그러나 다음해 1월, 이태현 등 5인이 다시 남평 현감에게 등장을 제출한다. 소송이 재발한 것이다.

> 이번 새해에 성묘할 때 굴거한 곳을 자세히 살펴보니 분묘의 봉분을 제거하여 다시 평지를 만들고, 관은 꺼내지 않고 그 옆에 허빈虛殯을 만들었습니다. 이는 다름 아니라 시후가 장교와 중간에서 결탁하여 또 간악한 꾀를 부린 것입니다. 세상에 어찌 이렇게 법을 업신여기는 자가 있단 말입니까? 아침에 굴거하였다가 저녁에 다시 묻고 오늘 굴거하였다가 내일 다시 묻으니, 이러하면 법은 어디에 실시하고 기강은 어디에 펴겠습니까? 다시 장교에게 엄히 명하여 평장한 묘를 즉시 다른 곳으로 굴거케 하고, 대낮에 검을 휘두른 죄는 법전에 실려 있으니 법을 업신여기고 제 분수를 모른 죄를 살펴 엄히 형장을 가하고 멀리 유배 보낼 것을 처분해주실 일입니다.[62]

이씨가에서는 소송이 마무리된 다음해 정초에 성묘하러 갔다가 투장총이 그대로 남아 있음을 발견한다. 관굴과정에서 박시후가 장교와 결탁해 묘를 파내는 척만 하고 실제로는 봉분만 제거해 평장으로 만들어 마치 파낸 것처럼 꾸민 것이다.(2차 갱매)

그 사실을 알게 된 이씨가에서는 즉시 정소하였고, 관에서는 1월 30일에 유향소 좌수와 장교에게 즉시 관굴할 것을 다시 명했다. 관굴을 담당한 관속이 투장자와 결탁해 장난질한 사실이 드러났기 때문에 이번에는 관굴 과정에 향촌 자치기구인 유향소를 참여시켰다. 박시후는 관굴을 거부하며 한 달여를 버텼으나 좌수와 장교의 주도하에 결국 2, 3월 사이에 관굴이 관철되었다.(3차 관굴)

3차 관굴까지 갔지만 박시후는 거굴 행위를 멈추지 않았다. 그해 3월 남평 현감이 상경한 틈을 타서 박시후는 또다시 투장을 감행하였다.(3차 갱매) 투장총을 굴거하기 위한 이씨가의 대응도 즉각적이고 대규모로 전개되었다. 당시 남평 고을은 수령이 자리를 비운 공관 상태였기 때문에 옆 고을 화순까지 가서 43인이 연명으로 정소하였다. 화순 현감은 삼굴삼장三掘三葬까지 이른 상황에 놀라면서도 투장총을 파내는 문제에 대해서는 '본관이 돌아오기를 기다리라'는 소극적인 태도를 취했다.

겸관에게 뜻을 이루지 못한 이씨가에서는 전라도 관찰사에게 투장총의 굴거를 요청하는 의송을 제출하였다. 당시 전라도 관찰사인 심이택沈履澤, 1832~?[63]은 화순 현감에게 박시후를 잡아 가두고 상세히 조사 보고하도록 처분하였다. 이씨가에서는 관찰사의 처분을 첨부해 화순 현감에게 다시 등장을 제출하였고 결국 윤 3월 14일 "감영의 처분에 따라 처결하라"는 처분을 받아냈다. 처음에는 타 고을 소송이라 소극적이었던 화순 현감이 관찰사의 분부 후 적극 대처하는 방향으로 태도를 바꾼 것이다.

이에 박시후는 4일 후 다음과 같은 다짐장을 관에 제출한다.

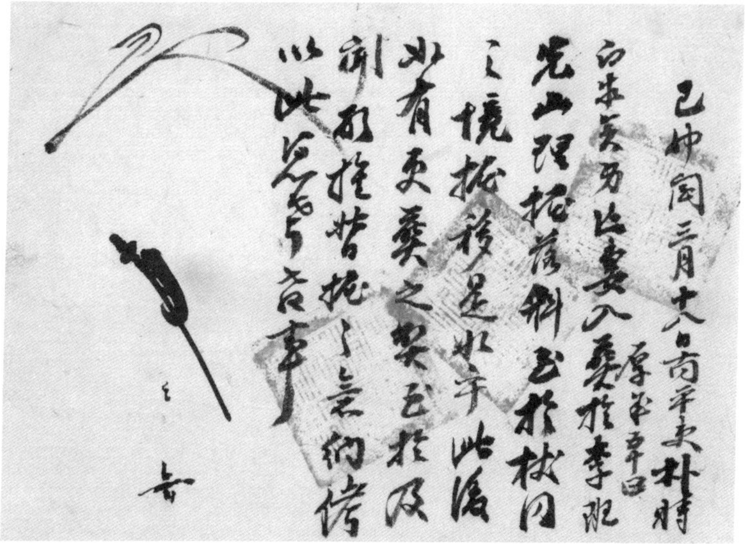

박시후의 다짐, 국립광주박물관 소장

기묘년 윤 3월 18일 남평 아전 박시후 나이 쉰넷.

아뢰니다. 제가 죽은 처를 이씨 양반의 선산에 입장하였는데 패소하여 옥에 갇히는 지경에 이르러 묘를 파내서 옮깁니다. 이후로 만약 다시 묻는 폐단이 귀에 들어가면 형장을 쳐서 독굴한다는 뜻으로 다짐을 제출하니, 이로써 증빙을 삼을 일.

官(押) 白(手決)[64]

기록을 통해 파악할 수 있는 소송의 전개과정은 여기까지다. 박시후가 다짐의 내용을 실행했는지는 확인할 수 없다. 그가 삼굴삼장까지 가면서 거굴한 상황을 고려할 때 그 결과가 더욱 의심스럽다. 그러나 이후의 소송 문서가 남아 있지 않다는 사실은 이 시점에서 소송이 마무리되었음을 의미하는 것으로 보아도 되지 않을까?

봉산촌 산송은 이씨가의 강력한 대응과 소송관의 관굴에도 불구하고 오랜 기간 체송되면서 극단적인 상황으로 치달았다. 여기에는 투장자가 남평의 향리였다는 신분 문제 또한 주요 요인으로 작용하였던 것으로 보인다. 이 같은 박시후의 행위는 19세기 후반 관의 주도하에 향촌지배 체제가 정립되고 이향층의 영향력이 확대되는 사회 변동과 관련하여 주목되는 현상이다.

상언·격쟁

상언과 격쟁은 억울하거나 원통한 일을 당한 백성이 국왕에게 직접 호소하는 제도다. 조선시대에는 민원이나 소송 등이 발생했을 때 백성이 국가에 호소할 수 있게 제도적으로 보장하였다. 이를 정소 제도呈訴制度라고 하는데 법적으로 정해진 단계를 거쳐야 했다. 『경국대전』에 의하면 1차적으로는 해당 고을의 수령에게 정소하고, 해결되지 않는 경우 상위 기관으로 올라가 관찰사, 암행어사→중앙의 해당 관사에 정소한다. 여기에서도 해결되지 않을 때 최종적으로 국왕에게 정소하였다. 때문에 상언·격쟁은 국왕에게 호소하기 이전에 이미 수령—관찰사—중앙 관사의 단계를 거치면서도 해결되지 못한 중차대한 사안이라는 특성을 갖는다.

상언·격쟁은 국왕에게 호소한다는 점에서는 같지만 형식과 절차에는 차이가 있다. 상언은 '아랫사람이 국왕에게 올리는 글'이라는 뜻으로, 문서로써 호소한다. 상언은 그 특성상 국왕에게 올리는 문서를 총괄하는 승정원의 관할이었고, 상언 당사자가 작성해서 직접 바치는 친제친정의 원칙이 적용되었다. 때문에 상언자는 기한 내에 신원을 확인할 수 있는 준호구準戶口, 주민등록등본를 지니고 관청에서 친정 여부를 확인하는 절차를 거쳐야 했다. 상언은 한문으로 작성하였기 때문에 문자생활에 익숙하지 못한 하층민에게는 한계가 있어 사대부들이 주로 이용하였다.

한편 격쟁은 '징을 친다'는 뜻으로 글이 아닌 말로써 국왕에게 호소하는 방식이다. 격쟁자는 궁궐에 난입하거나 국왕의 행차를 가로막은 뒤 징이나 꽹과리, 북을 쳐서 이목을 집중시킨 다음 억울한 사정을 국왕에게 호소했다. 때문에 국왕을 소란스럽게 한 죄목으로 먼저 격쟁자에게 형벌을 가한 후에 구전口傳으로 진술을 받았다. 격쟁에는 신체적 고통이 따랐지만 억울함을 말로 호소할 수 있다는 이점 때문에 하층민이 선호하였다. 격쟁은 그 형태에 따라 대궐 안에 난입하여 고하는 궐내격쟁闕內擊錚과 국왕의 궐 밖 행차 시에 호위대를 뚫고 들어가 호소하는 위내격쟁衛內擊錚, 호위대 밖에서 호소하는 위외격쟁衛外擊錚 등이 있었다. 원칙적으로는 구두로 행해야 했으나 문자로 하는 원정격쟁原情擊錚도 가능하였다.

국왕에게 직접 호소하는 방법은 일반적으로 조선 초기의 신문고 제도가 잘 알려져 있다. 그러나 이는 신분과 지역에 제한이 있었고 절차상 각종 통제가 가해졌기 때문에 실제로는 크게 활성화되지 못했다. 15세기 후반 상언·격쟁이 신문고 제도의 한계를 극복할 수 있는 효과적인 수단으로 등장하여 활성화되었다. 명종 대에 이르러 상언에 대해 법적인 정비과정을 거쳐 상언이 가능한 사안을 사건사四件事로 범주화하였다. 첫째 형륙刑戮이 자신에게 미치는 일, 둘째 부자 관계를 밝히는 일, 셋째 적처와 첩을 가리는 일, 넷째 양천을 가리는 일 등 네 가지로 제한한 것이다.(『수교집록』「형전」 고소, 명종 12년 승전)

조선 후기에 상언·격쟁이 더욱 활성화되면서 숙종 대에는 손자가 조부모를 위하여, 자식이 부모를 위하여, 처가 남편을 위하여, 아우가 형을 위하여 원통함을 호소하는 경우에도 격쟁을 허용하였다. 이는 16세기의 사건사에 빗대어 신사건사新四件事라 하는데 대리 정소를 허용함으로써 소송의 범위를 더욱 확대하였다. 이에 따라 상언·격쟁은 날로 늘어났고 백성들은 이를 통해 자신의 목소리를 더욱 키워갈 수 있었다.

키워드 속 키워드 5

소송 절차

조선시대에는 개인이나 집단 간의 이해 대립을 조정하기 위한 소송을 사송이라 하였다. 이는 오늘날 민사소송에 해당한다. 사송은 정해진 절차대로 진행되어 이를 어길 경우에는 법리法理의 정당성과 관계없이 패소하였다.

소송의 기본 요건은 원고와 피고, 재판관이다. 원고가 피고의 거주지 관아에 소지 즉 소장을 제출함으로써 소송은 시작된다. 이때, 피고가 도성에 살 경우에는 토지와 가옥 문제는 한성부에서 노비 소송은 장예원에서 담당하였고, 지방에 살 경우에는 피고가 사는 고을의 수령이 소송관이 되었다. 소지는 발괄白活, 단자單子, 상서上書, 원정原情 등 여러 양식으로 가능했으며, 등장等狀이라 하여 2인 이상이 함께 정소하는 경우도 있었다. 이렇게 소지를 낸 뒤 그 결과에 승복하지 못해 상급 관청인 관찰사나 암행어사에게 억울함을 호소할 때에는 의송議送을 제출하였다.

원고가 소장을 제출한다고 곧바로 소송이 시작되는 것은 아니었다. 원고와 피고가 함께 소송장에 나왔을 때 비로소 소송 절차가 진행되었다. 원고의 소지를 접수한 관에서는 소지의 왼쪽 하단에 뎨김題音 또는 제사題辭라는 처분을 써서 돌려줬는데, 그 내용은 대부분 '피고와 함께 오라'는 것이었다. 관에서 피고를 소환하지 않고 피고 소환의 책임을 원고에게 맡겼던 것이다. 때문에 피고가 소환을 거부하고 버틸 경우 소송은 시작도 못 한 채 지연되었다.

원고가 피고와 함께 소송장에 나와 소송관 앞에서 소송에 성실히 임하겠다는 다짐을 하면 비로소 소송이 시작되었다. 이를 시송다짐始訟侤音이라 한다. 소송이 시작되면 원고와 피고는 각자 자신의 주장을 관철하기 위해 증인 및 증거를 내세워 변론하였다. 이 과정에서 소송 당사자가 대리인을 내세우는 대송代訟은 금지되었다. 사대부 여성이나 관직자 등 특별한 경우에 한하여 자서제질子婿弟侄, 아들, 사위, 아우, 조카의 대송을 허락하였을 뿐이다. 이런 구조상 오늘날처럼 직업적으로 대리 변호를 하는 변호사는 활동할 수 없었다. 물론 외지부外知部라는 변호사와 유사한 존재는 있었지만 이들은 법적으로 엄격히 금지된 존재였다. 때문에 소송장 안에는 들어가지 못하고 소송장 밖에서 자문할 수밖에 없었으며 그나마도 은밀히 불법적으로 이루어졌다.

양측의 변론이 끝나면 판결을 내리는 마지막 절차로 접어든다. 이때에도 소송관은 원고와 피고가 '이미 증거를 모두 제출하였고 더이상의 변론도 남아 있지 않으니 관식官式에 따라 처결해주십시오'라고 판결을 요청하는 '결송다짐決訟侤音'을 먼저 한 다음에야 판결을 내렸다. 소송이 마무리된 후에는 승소자의 요청에 따라 판결문에 해당하는 '결송입안決訟立案'을 발급했다.

소송이 진행되는 과정에서 원고와 피고 중 어느 한쪽이 자신의 불리함을 인식하고 소송장에 나타나지 않으면 소송은 하염없이 지체될 수밖에 없었다. 이러한 폐단을 방지하기 위해 소송 당사자들은 소송장에 출두할 때마다 그 사실을 확인하기 위해 장부에 직접 자신의 이름을 기록하고 서명親着하였다. 어느 한쪽이 30일이 넘도록 소송장에 나타나지 않을 경우에는 그 기간 동안 계속 소송장에 나와서 서명한 자에게 승소 판결을 내렸다. 이를 친착결절법親着決折法이라 하는데, 소송에 불리한 자가 고의적으로 소송을 지연시키고 판결을 방해하는 폐단을 방지하기 위한 제도적 장치였다.

이처럼 조선시대 사송은 시송다짐, 변론, 결송다짐, 판결, 입안 발급 등을 거쳐 진행되었고, 철저하게 소송 당사자를 중심으로 진행됐음을 알 수 있다. 이는 개인 간의 갈등에서 발생한 민사소송에 국가가 최대한 개입을 억제하는 당사자주의 원칙을 지킨 것이다.

5

송추 투작과 송송松訟

분산 수호에는 양산 금양권이 수반되었기 때문에 분산 수호자들은 송추 욕구를 어느 정도 해결할 수 있었지만 분산을 확보하지 못한 이들은 목재 등을 확보할 수 있는 길이 극히 제한적이었다. 그들은 국가의 금산뿐만 아니라 사족층의 양산도 침범해 송추, 잡목, 땔나무 등을 몰래 베어 갔고, 이 중 일부는 송추 분쟁, 즉 송송松訟으로 이어졌다.

산림 이용과 양산 금양권

분산 수호에는 양산 금양권養山禁養權이 수반된다. 양산 금양권은 분산 구역 내의 산림을 잘 기르고 다른 사람들의 접근을 차단할 수 있는 권리로, 여기에는 금양 구역 내에서 생산되는 목재나 땔나무 등을 이용하고 거래할 수 있는 산림 이용권이 포함되었다. 양산 금양권은 분산에 대한 타인의 접근을 막고 경제적 산물을 획득하게 하는 배타적인 이용권이라 할 수 있다.

분산 수호자들에게 양산 금양권은 중요한 의미를 갖는다. 분묘를 실전하는 것을 방지하고 분산의 수호권을 인정받기 위해서는 산지기를 두어 나무를 심고 가꾸는 등의 실제적인 금양 행위를 전제로 하였다. 나무를 심고 가꾼 흔적이 있어야 양산 금양권도 보장받을 수 있었기 때문이다. 1835년 8월 경기도 이천의 박정석朴鼎錫이 경기도 관찰사에게 제출한 의송에 다음과 같은 구절이 있다.

본관 성주께서 분산의 현장 조사를 담당한 장교에게 나무를 잘 기르고 있는지 아닌지를 하문하였는데, 장교가 나무를 심은 곳이 없다고 보고하였습니다. 성주께서 분부하기를 너는 나무를 심지 않았으니 금장할 수 없다면서 저를 패소시켰습니다.[65]

박정석이 수호하는 선산의 용호 구역 안에 조여진趙汝眞이라는 평민이 투장하였는데, 이천 부사는 실제적인 분산 수호의 근거로 묘 주변에 나무, 즉 송추松楸를 잘 기르고 있는지 아닌지를 살폈다. 현장 조사를 담당한 장교가 박정석이 송추를 잘 기르지 않는다고 보고하자 이천 부사는 그의 분산 수호권을 인정하지 않았고, 결과적으로 그는 패소한다. 심고 가꾼 나무를 함부로 베지 못하게 함은 분산 수호권을 유지하는 중요한 근거였던 것이다.

뿐만 아니라 산림에서 얻는 경제적 이득은 분산 수호자가 위선 사업을 추진하는 데 중요한 재원으로 활용되었다. 특히 족장지의 경우에는 문중 차원에서 송추 및 땔나무를 관장하였고 이를 바탕으로 분묘 관리, 제향, 재실齋室 건립 및 유지, 묘위토墓位土 마련 등 분산 수호와 관련된 제반 사업을 추진하였다.

1805년순조 5 2월, 남원 둔덕방에 살던 이명전李明銓이 남원 부사에게 올린 소지는 이러한 상황을 잘 보여준다.

지손支孫이 강성하여 미약한 종손을 업신여겼는데, 선산의 일에서도 지손이 주관하여 수백 년간 오래도록 금양한 송추를 하루아침에 작벌하여 각자 사적으로 사용하고, 심지어 해마다 땔나무를 내다 팔아 낭비하였습니다. 분묘는 다 허물어져도 보수하지 않고, 재실이 퇴락하여 쓰러져도 수리하지 않았습니다. (중략) 이것이 과연 선조의 유훈을 따르고 선영을 보호하는 도리이겠습니까?[66]

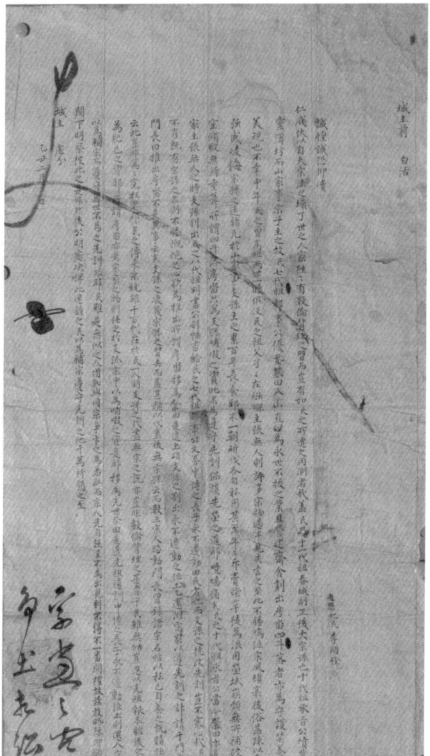

1805년 2월 남원 둔덕방 이명전의 발괄(白活), 전북대학교 박물관 소장

이명전은 종손이 미약한 틈을 타서 지손들이 문중을 장악해 수백 년 동안 금양해온 송추를 모두 내다 팔아 사적으로 나누어 가졌다고 주장한다. 그 결과 송추 값으로 추진해야 할 분묘 보수, 재실 수리 등의 위선 사업에 차질이 생겼다.

이처럼 금양 구역에서 생산되는 송추 및 땔나무가 분묘 수호와 위선 사업 추진의 중요한 재원이었기 때문에, 송추 금양권은 매우 중요했고 분산 수호자들은 양산을 확보하고 송추를 기르는 일에 정성을 쏟지 않을 수 없었다.

뿐만 아니라 조선 후기에는 사회경제적 변동을 바탕으로 산림의 효용성이 증대하였다. 정약용은 『목민심서』에서 다음과 같이 지적하고 있다.

> 완도 주변 수백 리 땅에서는 가옥을 짓는 데도 완도를 쳐다보고, 배를 만드는 데도 완도를 쳐다보며, 관곽을 만드는 데도 완도를 쳐다본다. 농기구를 만드는 데도 완도를 쳐다보며, 소금을 만드는 자도 쳐다보고, 질그릇을 굽는 자도 쳐다보고, 나무꾼과 숯 굽는 자들도 쳐다본다. 무릇 땅에 까는 것, 물에 띄우는 것, 아궁이에 불 때는 것, 화로에 불사르는 것이 완도의 나무가 아닌 것이 하나도 없다.[67]

완도는 국가의 봉산으로 지정되어 나무를 베는 것이 금지되어 있었다. 하지만 정약용이 열거하는 투작의 성행 이유에서 알 수 있듯이 목재 및 산림의 활용 범위는 무한하였다. 이 같은 수요 증가의 원인은 다양하나 크게 세 가지로 볼 수 있었다.

첫째, 송추 및 목재 수요가 증가했다. 임진왜란 이후 관청의 중건 및 조선 후기 서원·사우祠宇, 사당의 건립에 따른 건축용 목재, 선박 제작용 목재, 관곽 제작용 목재 수요의 증가가 여기에 해당된다. 둘째, 땔나무 수요가 증가했다. 16, 17세기 소빙기를 거치며 전국적으로 온돌이 보편화되면서 땔나무의 수요가 급증하였고,[68] 이와 함께 조선 후기 사회경제적 변동과 함께 바닷물을 졸여서 소금을 만드는 자염煮鹽, 광산, 숯을 굽기 위한 설점設店에도 땔나무가 필요하였다. 셋째, 묵힌 땅이나 생땅을 일구는 기경起耕 및 화전을 하는 과정에서도 산림의 활용도는 높아졌다.

산림의 효용성이 높아지면서 그와 동시에 수많은 나무가 베어지고 불에 태워지는 등 산림은 훼손되어갔다. 그렇기에 사회 각 계층에서 송추 확보를 위한 광범위한 노력이 이뤄졌고 분산 수호자들의 양산 금양권에 대한 관심도 높아져갔다. 조선시대에는 산림을 보호하고 국용國用에 충당하기 위하여 국초부터 국가에서 금산을 지정해 금송禁松 정책을 실시했는데, 산림의 이용이 확대되어감에 따라 조선 후기 국가의 금산, 금송 정책은 위기에 봉착해 이에 대한 대응책이 필요해져만 갔다.

송송, 송추를 지켜라

분산 수호에는 양산 금양권이 수반되었기 때문에 분산 수호자들은 송추 욕구를 어느 정도 해결할 수 있었지만 분산을 확보하지 못한 이들은 목재 등을 확보할 수 있는 길이 극히 제한적이었다. 그들은 국가의 금산뿐만 아니라 사족층의 양산도 침범해 송추, 잡목, 땔나무 등을 몰래 베어 갔고, 이 중 일부는 송추 분쟁, 즉 송송松訟으로 이어졌다.

송추 투작은 신분을 불문하고 광범위하게 유행하였다. 분산을 수호하는 사족층은 대체로 자신이 수호하는 분산 경계 밖의 송추를 베어냈기 때문에 경계 분쟁으로 이어졌다. 호강한 양반들은 다수의 사람을 동원해 세력 없는 양반이나 하층민의 분산을 제멋대로 투작하는 늑작勒斫도 마다하지 않았다. 친족의 분산에서 몰래 송추를 베어서 내다 파는 도매盜賣까지 발생하는 상황이었다. 향촌 사회에서 막강한 힘을 행사하는 향리층에서도 관청의 필요를 빙자해 필요한 양을 초과해 베어내는 난작亂斫의 경향이 강했다. 그러나 사족층과 향리층의 투작은 하층민의 투작에 비하면 아무것도 아니었다.

투작의 중심에는 하층민들이 있었다. 그들의 송추 투작은 한두 명이 하는 소규모 투작에서 수십 명이 작당하는 대규모 투작에 이르기까지 그 종류와 규모가 다양했다.

> 우리 상전께서 마침 다른 곳에 출타하였는데, 본면 중산리에 사는 주족관周族貫이란 자가 주인 없는 밤을 틈타서 대여섯 명의 우둔한 무리와 함께 2백여 그루의 소나무를 투작하였습니다.[69]

충청도 임천에 사는 임생원 댁의 노비 대천大川이 임천 군수에게 올린 소지 내용이다. 분산 주인이 출타한 틈을 타서 인근 마을의 주족관이란 자가 마을 사람 대여섯 명과 작당해 분산의 송추 2백여 그루를 베어냈다는 것이다.

인근 마을 강정江亭에 사는 평민 지오장, 전홍복, 이홍대, 노억만 등이 마을 장정 스물일곱 명을 거느리고 마치 주인 없는 산이라도 되는 듯이 분산을 작벌하여 벌거숭이가 되었습니다.[70]

충청도 청주에 사는 김생원 댁에서 투작을 이유로 인근 마을에 사는 평민 지오장 등을 충청도 진영鎭營에 정소한 발괄白活 내용이다. 네 명의 평민이 작당하여 마을 장정 스물일곱 명을 동원해 투작한 결과 분산이 벌거벗을 지경이라고 호소하였다. 분산이 벌거벗었다는 것은 과장된 표현이겠지만 투작한 송추의 규모는 상당수에 이르렀을 것이다. 임천에서 대여섯 명이 2백여 그루의 송추를 투작한 것으로 볼 때 스물일곱 명이 투작한 송추는 수백 그루가 넘는 방대한 규모로 추정된다.

투작이 발생하면 분산 주인은 일차적으로는 개인적인 차원에서 사건을 해결하였다. 투작자에게 그들이 베어낸 송추 값을 징수하고 다시는 투작하지 않겠다는 수표를 작성하는 선에서 사건을 마무리지었다. 그러나 투작이 대규모로 발생하거나, 투작자가 송추 값 보상을 거부할 때, 또는 반복적으로 투작을 자행할 때 등 자체적으로 해결이 어려울 경우 관에 정소하였다. 투작 문제는 대체로 대규모 또는 반복적으로 발생하는 경향을 띠며 투작자의 송추 값 거부 및 완강한 저항을 수반해 송송으로 확대되었다.

조선 후기 목재 상인의 활동 또한 송추 투작을 확대하고 산림의 황폐화를 촉진하는 데 일조하였다. 이는 그 당시에도 자주 지적되는 문제였다.

1736년영조 12 6월 강원도 관찰사 한현모韓顯謨는 장계狀啓, 지방관이 그 지역의 중요한 일을 왕에게 보고하는 문서에서 "본도의 봉산이 지금은 모두 벌거숭이가 되었는데, 이는 목재 상인들 때문입니다"라고 하였다.[71] 1782년정조 6 1월 전라도 좌수사 강오성姜五成도 장계에서 전라도 좌수영이 가진 세 가지 폐단 가운데 으뜸이 송전松田의 황폐화인데, 그 원인의 하나로 목재 상인의 투작 문제를 지적하였다.[72]

목재 상인들은 주로 산림이 충실하고 해안에 위치해 목재 운반이 편리한 국유림 및 봉산과 같은 금산을 중심으로 활동했지만, 개인 분산의 송추도 피해를 당하고 있었다.

목재 상인들이 유통하는 목재는 주로 선박 제작에 사용되었는데, 이들의 활동으로 관용 선박의 제작 및 보수 작업이 어려움을 겪을 정도였다. 선박 한 척을 만드는 데 많을 경우 3, 4백 그루의 송추가 필요했기 때문에, 목재 상인이 유통하는 송추의 규모도 클 수밖에 없었다. 때문에 목재 상인에게 팔기 위해 감행하는 투작 또한 대규모로 행해졌다. 다음은 경상도 영해에 거주한 이수일李壽一 등이 영해 부사에게 제출한 단자單子다.

> 이번에 창원·벽수 등의 마을에 사는 상놈들 다수가 남도 상인에게 선박용 목재 값으로 수백 금을 받고서, 대대적으로 도끼꾼을 거느리고 우리 선산의 송추를 어지러이 베어냈습니다. (중략) 또 듣기에 이자들이 다시 멋대로 이전의 습속을 되풀이해 선박용 목재 30여 판을 우리 분산에서 투작하

였습니다. 산 아래 사는 자손이 직접 목격하고 베어낸 자리를 표시하였으나, 이자들이 몽땅 운반해갔다고 합니다.[73]

인근 마을에 사는 다수의 평민들이 목재 상인에게 미리 목재 값으로 수백 금을 받고서 대대적인 투작을 행했다고 호소하는 내용이다. 두 차례에 걸쳐 투작이 이루어졌는데, 두번째 투작에서는 선박용 목재 30여 판을 실어갔다. 일반적인 땔나무용과 달리 선박용 목재는 지름이 일정 수준 이상이 되어야 했다. 단자의 내용처럼 선박용 목재 30여 판을 마련해갔다면 우람한 아름드리 송추 수십 그루를 베어냈을 것이다. 이수일 등은 투작 사실을 안 분산 아래 사는 후손이 이를 저지하려 했으나, 투작인의 숫자가 많아 그 세력을 감당하지 못하고 속수무책이었다고 고한다.

한편, 화전 경작을 위해 송추를 베어내고 불을 지르는 문제도 심각했다. 원래 화전은 경작민이 정착생활을 하지 않고 해마다 장소를 바꾸어가며 이동하는 형태였으나 조선 후기에는 한 지역에 장기적으로 머물며 경작하는 정착형 화전으로 변해 산전山田의 형태를 띠었다. 다시 말해 조선 후기의 화전은 산림에 불을 내서 밭을 개간한다는 의미를 내포하고 있었다.[74] 화전 개간이 확산되어갈수록 분산 근처에 사는 촌민村民들에 의해 개인의 분산이 침범되는 현상도 증가하였다.

분산 내에서 화전 개간이 발생하면 분산 주인이 이미 개간한 전답을 다시 묵히거나 경계를 정해 토지세를 징수하는 선에서 조정하였다. 그러나

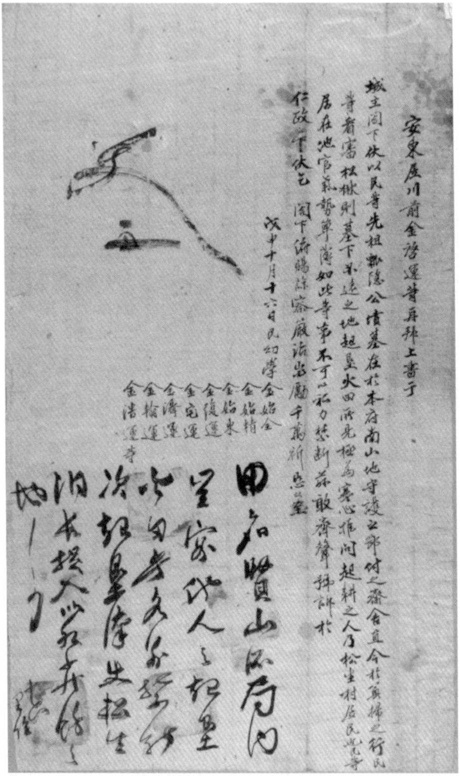

1788년 안동 김계운 등의 상서, 한국학중앙연구원 소장

양측의 합의가 이루어지지 않으면 산송으로 발전하였다. 1788년정조 12 안동에 사는 김계운金啓運 등이 청송 부사에게 제출한 상서를 살펴보자.

선조 표은공瓢隱公, 김시온金是榲의 분묘가 본부 남산안동시 임하면 송석산松石山에 있는데 (중략) 분묘 아래 멀지 않은 곳에 개간해 화전을 일군 곳을 보고는 극히 한심해서 기경한 사람을 탐문해보니 송생촌에 사는 촌민이었습니다. 저희가 다른 고을에 살면서 세력이 미약하여 이와 같은 일을 개인적인 힘으로는 막을 수 없습니다. 이에 어진 성주님께 우러러 호소하니, 굽어 살피시어 엄히 다스리고 징치해주시기를 천만 번 간절히 바랍니다.

【데김】 명현의 산소 구역 내에 어찌 다른 사람이 개간하여 화전을 만드는가? 각별히 금하기 위하여 송생촌의 동장에게 개간한 자를 잡아오게 하여 엄칙할 것.[75]

김계운은 스스로를 다른 고을에 사는 세력이 미약한 집안이라고 했지만, 실제로 김씨가는 안동에 세거하는 위세 높은 양반가였다. 화전을 일군 경작자는 분묘에서 가까운 청송 고을 송생촌에 사는 촌민이었다. 김씨가는 안동의 명문가였으나 다른 고을 촌민의 화전 경작을 막지 못하고 결국 피고가 거주하는 고을 수령에게 해결해줄 것을 요청한 것이었다.

지세나 위치에 따라 차이는 있지만 대체로 처음 화전을 개간할 때는 화기로 인해 토양이 따뜻해지고 거름을 준 듯한 효과까지 생겨 소출이 적지 않았다. 또한 화전은 전역田役·부역賦役의 부담이 없고 세도 가벼웠으며, 가뭄 때는 평전平田에 비하여 재해가 덜하다는 이점이 있어 갈수록 확산되고 있었다. 결국 분산 침해를 당한 수호자들은 공사公私로 고군분투했으나 하층민들의 화전 경작을 완전히 저지할 수는 없었다.

나무꾼과 땔나무

목재용 송추 투작, 화전 경작과 함께 투작과 관련한 중요한 문제는 시초柴草, 땔나무와 말꼴 투작이었다. 조선 후기에 시초는 가정용 땔나무 및 자염, 도야陶冶, 도기를 만드는 일과 쇠를 주조하는 일, 숯 등 다양한 용도로 사용되면서 그 수요가 급증하였다. 특히 온돌이 보편화되면서 집집마다 땔나무를 사용했기 때문에 전국적으로 계산하면 그 소비량이 천문학적인 수치에 달했을 것이다. 가정용 땔나무를 중심으로 한 광범위한 시초 수요는 조선 후기 산림 황폐화의 주범이었다.

땔나무는 주로 촌민이나 초군樵軍 즉 나무꾼들에 의해 충당되었다. 이들의 땔나무 채취는 대체로 생계유지 차원에서 행해졌다. 1695년숙종 21 전라도 영광의 신정화辛鼎和가 같은 고을의 평민들을 정소한 소지를 예로 들어보자.

이현촌의 평민 노랑걸이 등 8명이 관의 명령을 받지도 않고, 우리 분산 경계 안에서 수년 동안 금양한 초목을 멋대로 베어냈습니다. 제가 이들을 불러다 투작해서는 안 된다는 뜻으로 잘 타일렀더니, 자신들은 흉년의 굶주린 백성인데 어떻게 하겠느냐며 세력을 믿고서 능욕하고 마치 자기 물건인 양 마음대로 베어갔습니다.[76]

이렇게 촌민들은 흉년에 생계유지를 위해 양반가의 분산을 침범해 초목을 투작하였다. 분산 주인의 금지에도 불구하고, 이들은 생계가 걸린 문제라 하며 사생결단하는 절박한 심정을 표출한다. 생계유지가 목적인 땔나무 투작은 대체로 산발적이고 소규모로 진행되었지만, 전국적인 차원에서 보면 매우 광범위하게 일어나는 사회적 현상이었다.

이와 달리 나무꾼들의 투작은 촌민들의 산발적인 투작과 차원이 달랐다. 그들은 땔나무의 채취와 판매로 생계를 유지했기 때문에, 이들에게 땔나무 확보는 매우 절실한 문제였다. 그들은 '산에 올라가면 나무꾼이고, 들에 나가면 농부다'라는 말처럼 대체로 반농반초半農半樵의 불안정한 생활을 하고 있었다. 그러나 땔감을 지고 품을 팔기 때문에 생업이 없거나 생산 활동을 전혀 할 수 없는 진휼 대상자와 구별되어 나라의 도움도 받지 못했다. 나라에서는 환곡還穀이라 하여 춘궁기 때 곡물을 대여해줬다가 추수 후에 회수하는 제도가 있었다. 처음에는 빈민 구제와 비축을 목적으로 시행되었지만 점차 성격이 변질되었다. 원치 않은 사람에게도 강제로 환곡을 분급하여 부세화해갔던 것이다. 나무꾼들은 이런 환곡을 감당하기 힘든

처지였지만 진휼 대상자가 아니었기 때문에 강제적으로 환곡 분급 대상에 포함되었고, 후에 환곡을 갚을 때는 높은 이자까지 부담해야 했다.[77]

나무꾼들의 주된 활동 공간이자 삶의 터전은 산림이었으므로 사족층의 분산을 침해할 가능성은 항상 내재했다. 실제로 그들은 땔나무를 채취하는 과정에서 투작을 감행하곤 했다. 나무꾼들은 개인적으로 작업하는 경우도 있으나 대체로 집단을 이루어 공동조직하에 작업을 진행하는 경우가 많았다. 이들은 한두 명에서 열 명 또는 스무 명 정도의 규모가 보통이었지만 백 명이 넘는 대규모 조직도 있었다.

나무꾼들의 집단 활동은 투작의 피해를 대규모화했다. 경상도 상주에 사는 금석태琴錫泰 등이 용궁 현감에게 제출한 등장에서는 나무꾼 삼십여 명이 조직화한 모습을 볼 수 있다.

> 이번 달 17일 지보역촌의 나무꾼 삼십여 명이 각기 도끼를 지니고 산 안에서 난작해 풀을 베고 땔나무를 짊어지고 가서 아름다운 푸른 산 한 구역이 벌거숭이산이 되어 뿔처럼 서 있습니다. (중략) 이 마을 두민頭民, 동네에서 나이가 많고 식견이 높은 사람 및 동장에게 패지牌旨, 지위가 높은 사람이 낮은 사람에게 권한을 위임하는 문서를 보냈더니, 그 마을에서 초군을 엄하게 징치하겠다고 고목告目, 아랫사람이 윗사람에게 쓰는 보고서나 편지을 보내왔습니다. 그러나 이와 같은 짓을 내버려둔다면 멀리 사는 양반가에서 수호 금양하는 분산을 어떻게 보존하고 유지할 수 있겠습니까?[78]

용궁현 지보역촌에 있는 금씨가의 분산에 인근 역촌의 나무꾼 삼십여 명이 집단적으로 분산에 침범해 땔나무를 난작하였다. 금씨가에서는 해당 마을 동장에게 투작자를 엄중히 처벌할 것을 요구했지만, 마을 차원의 해결이 순조롭지 못했는지 관에 정소하였다.

1836년 경상도 상주에 거주한 조인수趙隣洙가의 경우에는 여섯 마을의 나무꾼들이 연합해 수차례나 분산의 송추가 투작되는 변고를 당했다. 이때 동원된 나무꾼의 숫자를 정확히는 알 수 없지만, 여섯 마을이 합세했다는 점으로 미루어볼 때 수십 명에서 백여 명에 달했을 것으로 추정된다. 이들은 집단적으로 활동하면서 수차례에 걸쳐 반복적으로 조씨가의 분산에서 투작을 감행하였다.

나무꾼들에 대항해 조인수는 1835년 봄부터 관에 계속 정소하였으나 그 효과는 일시적일 뿐이었다. 결국 1836년 4월 초, 조인수는 경상도 관찰사에게 정소하여 완문完文, 관에서 사실 확인이나 권리 인정을 위해 발급한 증명서을 발급받기에 이른다. 그러나 완문을 발급받은 지 며칠 지나지 않아 또다시 나무꾼들이 투작을 하였다. 관의 증명서도 나무꾼들의 집단적인 투작 행위에 별다른 제재를 가하지 못한 것이다.[79]

이처럼 나무꾼들은 집단적으로 활동했기 때문에 양반가에서도 쉽게 제압하지 못했다. 그들은 나아가 해당 지역의 권세가와 결탁하여 세력을 더욱 확장하기도 했다.

지난 임신년에 전응훈全應薰 등이 노비들과 근처의 나무꾼 백여 명을 모아 지휘해 저의 선산과 안산의 송추를 투작하였습니다. 저는 개인적으로 금단할 수 없어서 초군의 우두머리 김험백, 장가 등 두 자를 즉시 본관에 정소하였습니다. (중략) 응훈 등이 호강하고 부유하고 일족이 많은 형세를 믿고서 자신의 노비와 나무꾼 들이 처벌받은 것을 분하게 여겨, 백방으로 모함하고 여러 고을에 통문을 돌리기에 이르렀습니다.[80]

충청도 옥천에 사는 한석린韓錫麟이 충청도 관찰사에게 제출한 의송이다. 여기에서 백여 명의 나무꾼을 동원한 전응훈은 그 지역의 토반으로 호강하고 부유하며 일족이 많다고 했다. 전응훈은 아마 옥천 지역에서 상당한 족적 세력을 형성하고 사회적 영향력을 행사한 지방 사족으로 보인다. 김험백과 장가를 우두머리로 백여 명의 조직화된 나무꾼들이 전응훈과 결탁해 한석린의 선산에 침범해 송추를 투작하였다. 투작에 동원된 규모가 백여 명이며, 투작 대상지가 선산의 좌청룡 우백호 및 안산까지 걸쳐 있는 점으로 보아 그 규모가 엄청났을 것이다.

이와 같이 나무꾼들의 크고 작은 규모의 땔나무 투작은 전국적으로 발생하였다. 또한 투작 문제는 사족가의 분산에만 한정되지 않고, 국가의 금산, 왕실의 능원 등 대상을 가리지 않고 성행하였다. 이는 사회적 추세를 이루어 시대가 내려갈수록 급증하였고 전국의 산림은 황폐해져갔다.

금송 정책

조선시대에는 '산림천택은 백성과 함께 공유한다山林川澤 與民共之'는 이념하에 백성들의 자유로운 산림 이용을 보장했다. 그러나 예외가 있었다. 국가에서 필요한 나무를 충당하기 위해 특정 지역을 국가의 금산으로 지정하고 백성들의 산림 이용을 제한하였다. 이를 금산 정책 또는 금송 정책이라 하였다.

국초부터 시작된 금송 정책은 『경국대전』에 금송 항목을 설정하면서 성문화되었다. 금송 정책은 도성 내외의 금산과 연해 및 도서 지역의 금산을 중심으로 시행되었다. 도성 내외의 금산은 도성의 경관 및 풍수적 비보裨補를 위한 산림 보호가 목적이었다. 따라서 소나무뿐만 아니라 경작, 토석 채취 등 일체의 행위를 금지하였다. 반면 연해 및 도서 지역의 금산은 조선造船 재목, 건축 자재 등 국가의 소나무 수요를 충당하기 위해 지정한 것이라 소나무 작벌 금지에 초점이 맞추어졌다.

양 난 이후 궁궐 재건, 전함 및 조운선 건조 등으로 재목이 크게 고갈되고 병자호란 이후 국방이 강조되면서 금송의 필요성은 더욱 절실해졌다. 한편에서는 자염, 화전 개발 등으로 산림 이용이 증대되면서 투작 문제가 심각해졌다.

이에 따라 1684년숙종 10 국가에서는 송금사목松禁事目을 반포하고 연해 및 도서 지역의 금산을 대대적으로 정비하였다. 해변 30리를 기준으로 금산을 지정하던 방식에서 벗어나 의송산宜松山을 선정해 엄격히 통제하는 방식으로 전환하였다. 의송산은 소나무가 잘 자라는 산을 일컫는데 '의송산으로 선정하여 봉한 산' '봉표封標, 나라에서 벌채를 금하는 산 경계에 세운 표한 산'이라는 의미에서 봉산封山으로도 불렸다. 의송산에서는 전선戰船 제

조용 목재만 취했다. 혹 바람에 쓰러진 나무가 있더라도 전함에 사용하는 경우 외에는 그대로 썩혔고, 그 외의 공용 재목은 관찰사가 별도로 나무를 금양하여 사용하도록 했다. 이를 갑자사목甲子事目이라 하는데 조선 후기 금산·금송 정책의 기본 골격이었다. 순조 대에 심상규, 서영보 등이 조선 후기의 재정과 군제를 정리한 『만기요람萬機要覽』에 의하면, 봉산은 충청도, 전라도, 경상도, 황해도, 강원도, 함경도 6도에 걸쳐 선재船材 봉산 282곳, 황장黃腸, 임금의 관을 만들 때 쓰던 소나무 봉산 60곳, 송전松田 봉산 293곳에 달하는 규모였다.

그러나 금송 정책은 국가의 의도대로 유지되지 않았다. 조선 후기 사회경제적 변동에 따라 백성들의 산림 이용이 증가하고 개발이 진행되면서 곳곳에서 저항이 이어졌다. 구체적으로는 송추 투작, 화전 개간, 실화 및 방화 등의 형태로 나타났다. 국가에서는 이를 엄격히 처벌하여 송추 투작은 장100 도3년에 처했고 대송大松 3그루를 베면 살인죄를 적용하여 사형에 처했다. 그러나 엄격한 통제에도 불구하고 백성들의 송추 투작과 산림 이용은 확대되어갔으며, 국가의 금산 및 금송 정책은 점차 기능을 상실해갔다.

순조 대에 정약전丁若銓은 「송정사의松政私議」를 통해 금송 정책을 포기하고 소나무의 식목을 권장할 것을 역설했는데, 이는 전라도 우이도에서 유배생활을 하면서 금송 정책의 폐단과 한계를 직접 목격한 결과였다.

6

분산 수호와 공동체 원리

산송은 16, 17세기 유교적 상장례가 보급되고 종족질서가 형성되는 과정에서 등장하기 시작했고, 18, 19세기 위선의식과 가문의식이 심화됨에 따라 격화되는 양상을 보인다. 이와 동시에 18세기 후반 이후 신분질서가 동요하는 사회 분위기 속에서 하층민에게까지 산송이 확산되었고, 산림 이용 문제도 산송에 반영된다. 이런 상황 속에서 사족층은 분산 수호를 위해 친족 단위의 자체적인 결속을 강화하고 조직 활성화를 통해 족적 연대를 강화하며 향촌 공동체와 협력함으로써 분산 수호를 실현하고 나아가 향촌 사회에서의 위상과 영향력을 유지하기 위한 자구책을 모색하였다.

족계 결성과 공동 수호

사족층의 분산은 『경국대전』을 근거로 법적으로 보장되지만 산송이 사회 전반으로 성행하는 조선 후기에 더이상 분묘만을 근거로 분산을 유지하기는 어려워졌다. 사대부가에서는 대체로 산지기를 두어 분산을 수호했지만 도리어 산지기가 분산을 침해하는 부작용을 감수해야 했다.

이에 분산 수호자들은 타인의 침해를 막고 분산 수호권을 확실히 보장받기 위해 국가에서 입지立旨를 받아두기 시작했다. 입지는 입안立案과 함께 권리 주장, 권리 보존을 위한 법적인 공증 절차로 임진왜란 이후에 등장해 조선 후기에 문서의 분실·소실燒失·도실盜失 및 매매 등의 경우에 광범위하게 시행되고 있었다.[81]

원칙적으로 분산은 입지를 받아둘 필요가 없었다. 국가에서 분묘에 근거한 분산 수호권을 법전에 규정하고 있었으며, 분쟁이 발생하더라도 일차적으로 분묘를 근거로 판결했기 때문이다. 그러나 산송의 급증으로 위기에 직면한 사족층이 대응할 수 있는 방법은 매우 제한적이었기 때문에, 관의 공증을 명문화하는 입지 제도에 의존한 것이다. 이에 따라 19세기에 이르면 분산에 입지를 설정하는 움직임이 광범위하게 확산된다.

그러나 국가에서 공증한 입지마저도 분산을 수호하기는 역부족이었다. 사족층은 또다른 방법을 모색하였다. 그 결과 계契를 결성해 분산 수호에 공동체적 원리를 도입하였다. 계는 '특정 목적의 수행 달성을 위하여, 구성원들의 자발적인 참여와 합의를 바탕으로 만든 지속적이고 조직적인 모임'으로, 공동체의 결속 강화와 협력 체제를 지향하는 단체였다.[82] 고려시대의 향도香徒까지 그 기원이 거슬러 올라가는 계는 원래 불교 신앙 활동을 목적으로 했지만, 조선시대를 거치면서 다양한 형태가 등장해 18, 19세기에는 "마을마다 집집마다 계가 결성되었다"는 말이 나올 정도로 활성화되었다.

사대부가에서는 당시 사회적으로 활성화된 계의 공동체 원리를 분산 수호에 적용하였다. 그들이 분산 수호를 위하여 활용한 계는 대체로 족계族契와 동계洞契 형식의 금송계였다. 분산은 그 특성상 족산인 경우가 많았기에 분산 수호에서도 족인들 간의 공동 대처 방안이 요구되었다. 이러한 상황하에서 기존에 운영되던 족계의 규약에 분산 수호에 관한 항목이 추가되기 시작하였다. 18세기 후반 충청도 직산에 거주한 남양 홍씨가에서도 묘제 거행 및 친목 도모를 위하여 종계宗契를 결성했는데, 이후에 '개입의改立議'라 하여 분산 수호에 관한 항목을 추가로 규정하였다.

이와 함께 분산 수호를 주목적으로 하는 족계도 등장했다. 이는 족계의 분화과정에서 파생되어 분산 수호라는 특정 목적을 위해 결성된 계조직이었다. 다음은 이은빈李誾彬, 간빈侃彬 형제가 선영이 있는 점돌촌店乭村 및 창우리倉隅里의 내외 친족들과 함께 결성한 사초계莎草契의 서문과 절목이다.

부모님 분산이 온서면 창우리 응봉 아래에 있는데, 안산은 신동면 점돌촌의 봉두산鳳頭山이다. 산에는 분산이 있고 마을은 사는 곳으로 모두 마주 보이는 지척지간이니 피차의 구별이 어찌 우리 경계 남의 경계로 나눌 수 있겠는가? 우리 형제가 벼 5포包를 출자하고 다른 계원들도 각자 조 1말씩 출자하여 이 계를 창설하여 사초계라 이름한다. 한편으로는 조상을 위하는 일이고 한편으로는 친목을 다지기 위해서다.

【점돌촌 절목】

一. 계원 가운데 서로 마주 보이는 곳에 선산이 있는 경우는 동심협력하여 정성껏 금양하고, 벌목은 금단하고 사초만을 한다. 계에 들어온 사람 또한 같은 계원의 의리로 각별히 금벌禁伐하되, 혹여 투작하는 자가 있으면 피차를 가리지 말고 경중에 따라 벌을 준다.

【창우리 절목】

一. 계원은 진손, 외손을 막론하고 각기 수호하는 바에 따라 영원히 세습한다.

一. 계원의 선영이 모두 같은 산 아래에 있으니 금양은 마땅히 동심협력하여 정성껏 하고, 만약 범하는 자가 있으면 경중에 따라 벌을 준다.[83]

이 사초계는 이은빈·간빈 형제가 온서면 창우리 응봉 아래에 있는 부모 분산의 사초 및 수호를 목적으로 재원을 출자해 결성하였다. 계원은, 점돌촌에서는 윤씨 8인, 오씨 2인, 심씨 1인 등 11인이 참여하였고, 창우리에서는 김씨 8인으로 구성되었다. 이들은 대체로 이은빈 형제의 내외 친족이었다. 이 사초계는 분산 인근의 내외 친족이 결합하여 결성한 족계였다.

1796년정조 20 청송 심씨 양혜공良惠公 후손은 전국적인 규모의 종계를 결성하면서 각 지역별로 인근 지역의 후손을 중심으로 별도의 소종계小宗契를 결성해 분산을 수호하였다. 이때 작성된 종계 완의完議, 단체 구성원들이 논의하고 합의한 내용을 적어 서로 지키도록 약속하는 문서가 오늘날까지 전하고 있다.[84]

분산 수호를 목적으로 결성된 족계는 그 특성상 묘제 거행도 함께 운영하였다. 친족공동체는 이와 같은 계의 결성과 운영을 통해 산송의 성행으로 인한 분산 침해의 위기에 함께 대처하면서 한편으로는 친족 간의 유대를 다져 친족 조직의 기능을 강화해갔다.

이외에 효과적인 분산 수호를 위하여 같은 산에 분산을 가진 다른 가문과 연대하는 방법도 모색하였다. 이는 대체로 국가에서 금송 정책 차원에

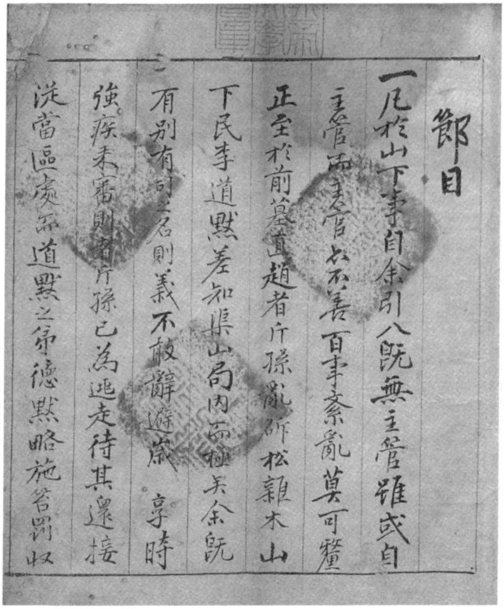
節目
一凡於山下事自余引入既無主管雖或自
主管而主管亦不善百事紊亂莫可釐
正至於前墓直趙者斤孫亂斫松雜木山
下民李道默差知其山局內而極矣余既
有別有司之名則義不敢辭避歲 享時
強疾未審則者斤孫已為逃走待其還接
從當區處而道默之命德然略施笞罰收

분동 금송계 절목, 서울대학교 규장각한국학연구원 소장

서 권장하는 금송계禁松契의 형태로 나타났다. 남산 화림에 분묘가 있는 세 집안이 공동으로 결성한 남산송계南山松契가 그것이다.[85] 계는 을축년에 결성했다 하는데 정확한 연대를 확정할 수 없지만 계의 결성 후 관에서 성급成給받은 완문을 보면 18세기 후반에서 19세기에 결성한 것으로 추정된다. 김씨 2인, 안씨 13인, 우씨 4인이 참여해 김·우·안 세 성씨를 중심으로 계가 결성되었다.

이번에 계를 결성하는 것은 상하를 물론하고 각자 선영을 수호하려는 마음에서 나온 것이다.

남산송계의 절목 둘째 조항의 내용이다. 계를 결성한 목적이 각자 자신들의 선영을 수호하기 위해서임을 밝히고 있다. 분산 수호를 실현하기 위하여 세 집안은 먼저 분묘를 중심으로 구역을 분할하고 경계를 분명히 하였다. 그 과정에서 나중에 분묘를 조성한 안씨, 우씨 두 집안에서 가장 먼저 입장한 김씨가의 선입자로서의 권리 및 금양 노력을 인정해 경계를 정했다.

분산의 수호 금양은 세 집안의 공동 수행을 원칙으로 하고, 수호 임무는 산지기를 정해 맡기기로 했다. 그런데 김씨가에서 이미 재사齋舍, 분묘를 수호하고 묘제를 지내기 위해 분묘 근처에 세운 건물 및 묘위토를 설정해 산지기를 두고 있었으므로 안씨, 우씨 양가는 별도로 산지기를 두지 않고 김씨가의 산지기에게 물력을 공급해 분산의 수호 임무를 함께 담당하게 하였다. 관에서도 세 집안에서 분산 수호를 위해 금송계의 형식을 빌려 계를 결성했음을 확인하고 완문을 발급하여 공인해주었다. 남산송계는 사대부가에서 분산 수호를 위하여 인접한 다른 분산의 수호자와 연계해 계를 결성하고 공동으로 분산의 분묘와 송추를 수호하는 양상을 잘 보여주는 사례다.

촌락 공동체와 협력 체제

분산 수호자들은 촌락 공동체의 동계와도 금송계의 형태로 협력 체제를 구축하였다. 18세기 후반 이후, 향촌 사회의 금송계는 국가의 금송 정책에 근거해 활발하게 결성되고 있었다. 이러한 상황에서 사족층도 분산 수호를 위해 동계 형태의 금송계와 의탁 또는 협력하기 시작했다.

이는 대체로 분산 수호자가 주도적인 역할을 하고 동민이 참여하는 형태였으며, 사족가에서 기존에 운영되던 동계에 분산 수호를 의탁하는 형식으로 결성하기도 했다. 이 경우 주도적으로 활동하는 몇몇 분산 수호자를 제외한 대부분의 계원은 송계산에 분묘를 갖지 않은 일반 동민이었다.

자신의 분산도 아닌 특정 가문의 분산을 수호하는 데 동민들이 금송계에 참여한 이유는 무엇이었을까? 18세기 말에서 19세기 사이에 충청도 청주 분동에서 심씨가의 분산 수호를 위하여 결성된 금송계를 통해 공조 체계를 살펴보자.[86]

심씨가에서는 원래 유사有司 및 산지기를 두어 분산을 수호 금양하고 있었다. 유사의 존재는 족계 차원에서 분산 수호가 실현되었음을 의미한다. 그런데 수호의 책임자인 산지기 자근손이 오히려 송추 및 잡목 등을 투작하였을 뿐 아니라 산 아래 사는 이도묵이란 자가 분산의 일부를 탈취하는 변고가 생겼다.

분산 수호의 위기에 직면한 심씨가에서는 족계를 포기하고 동계로의 전환을 택한다. 이도묵에게서 징수한 벌금 2냥 7전과 매년 묘제를 거행하고 남은 곡식 등을 합해 계의 재원을 마련했고, 이를 동계에 맡겨 별청別廳, 동계 조직 내의 특별 기구 이름을 설치하고 금송계의 운영자금으로 쓰게 하였다.

심씨가에서는 금송계 절목을 통해 계의 재원을 출자해 별청을 설치함은 분산 수호는 물론이고 직접적으로 수호 업무를 수행하는 산하촌의 동민을 보호하는 데 목적이 있음을 분명히 밝히고 있다.

> 이제 별청을 설치하는 것은 위로는 산소를 수호하기 위한 방도이며, 아래로는 마을 사람을 보호하기 위한 방책이다. 오고 가는 종인宗人들이 간섭하지 못하게 하라. 이를 준행하여 잃지 않는다면 앞으로 쓰임에 보탬이 될 수 있을 것이다.

분동은 심씨가에서 경제적 지원을 받고 촌락민들은 심씨가의 분산을 수호하는 방식으로 금송계가 운영되었다. 그 과정에서 심씨가의 족인들이 마을 사람들을 간섭하지 못하도록 차단하였다. 구체적인 분산 수호 활동에 대해서는 다음과 같이 규정하였다.

> 一. 많은 송추를 매번 산지기들이 투작해 벌거숭이가 되어가니 무척 한심스럽다. 올해부터는 동장·존위가 함께 금벌하고, 만약 나무의 뿌리가 드러나는 일이 있으면 산지기와 동임배洞任輩 들에게 함께 죄를 주고, 그루수에 따라 벌금을 징수하는 것을 결단코 그만두지 않을 것이다. 모두 잘 새겨 알아서 이전처럼 잘못을 범하는 일이 없도록 할 것.
>
> 一. 산지기들이 세력을 믿고 함부로 하는 폐습이 있으면 동장 및 존위가

하나하나 잘 타이르고, 타일러도 고치지 않으면 즉시 보고하여 엄중히 다스릴 것. 동민들도 그러한 폐습이 있으면 산지기 및 동임이 잡아다가 벌을 가하고, 따르지 않으면 역시 보고하여 가옥을 훼철하고 마을에서 쫓아낼 것.

절목의 내용을 통해 분산 수호가 산지기와 분동의 동장 및 존위를 중심으로 촌락 공동체 차원에서 거행되었음을 알 수 있다. 분산 침해가 발생하면 산지기 및 동임 들에게 그 책임을 추궁하였다. 산지기나 동민 들이 폐단을 일으키면 동임을 중심으로 공동체 차원에서 자체적으로 처리하고, 더 나아가 마을에서 쫓아내는 등 강력히 대응하였다. 금송계의 활동은 분산의 수호 금양에 한정되지 않고 묘제 거행, 분묘 관리 등 심씨가의 분산과 관련된 제반 사업까지 광범위하게 포괄하였다.

마을 사람들은 그 대가로 심씨가의 분산에서 땔감이나 잡목 들을 채취할 수 있는 권리를 부여받았다. 사족가에서는 이러한 성격의 동계와 연합할 때, 자신의 분산에 대하여 동민들에게 이용 권한을 어느 정도 제공하였다. 이는 대체로 시초채취권柴草採取權으로 나타났다. 즉, 동민들이 분산을 수호하는 데 대한 반대급부로서, 사족가에서는 동민들에게 시초채취권을 제공하였다. 이는 사족층이 향촌 사회의 공동이익과 서로 절충한 형태라고 하겠다.

이 같은 금송계를 통해 분산 수호자는 분묘를 수호하는 데에만 그치지 않고 향촌 공동체에 대한 일정한 영향력을 유지·행사할 수 있었다. 18세기 이래 향촌 사회에서 영향력이 점차 감소하고 사회적 위상이 흔들리는 위기에 직면한 사족층에게 금송계는 하나의 자구책이 되기도 했다.

산송, 그 역사적 의미

지금까지 산송의 발생 배경과 전개과정, 이를 극복하기 위한 분산 수호자들의 공동체적 수호 원리에 대해 살펴보았다. 조선 후기 한 시대를 풍미하며 치열하게 전개된 산송을 오늘날 우리는 어떻게 이해해야 할까? 소송 판결에도 승복하지 않고 심지어 국왕의 중재도 거부하면서 수년에서 수십 년 동안 소송자를 바꾸어가며 치열하게 대립한 현상을 어떻게 받아들여야 할까? 산송의 전개과정을 따라가다보면 자기도 모르는 사이에 산송에 대해 부정적인 인식을 지니기 쉽다. 그러나 산송을 하나의 역사적 현상으로 이해할 필요가 있다.

조선 후기는 중요한 사회 변동기다. 사회경제적 변동이 지속되는 가운데 친족질서, 신분질서, 향촌 사회의 변동 등 사회 전반에 걸쳐 새로운 변화가 진행되고 있었다. 이러한 상황 속에서 신분 내적인 갈등과 신분 간의 갈등이 다양한 형태의 소송으로 표출되고 있었다.

그 가운데 산송은, 여느 소송과 달리 성리학적 이념이 강하게 지배하는 사회에서 중요하게 여긴 상장례와 관련된 특수한 성격의 소송이었다. 따라서 일반적인 소송이라면 상중에 있는 사람이 소송장에 나가는 것은 상상할 수 없는 일이지만 산송만은 예외였다. 산송의 당사자는 으레 상중에 있는 사람이었다.

산송은 16, 17세기 유교적 상장례가 보급되고 종족질서가 형성되는 과정에서 등장하기 시작했고, 18, 19세기 위선의식과 가문의식이 심화됨에 따라 격화되는 양상을 보인다. 이와 동시에 18세기 후반 이후 신분질서가 동요하는 사회 분위기 속에서 하층민에게까지 산송이 확산되었고, 산림 이용 문제도 산송에 반영된다. 이런 상황 속에서 사족층은 분산 수호를 위해 친족 단위의 자체적인 결속을 강화하고 조직 활성화를 통해 족적 연대를 강화하며 향촌 공동체와 협력함으로써 분산 수호를 실현하고 나아가 향촌 사회에서의 위상과 영향력을 유지하기 위한 자구책을 모색하였다.

결국 산송은 조선 후기 사회의 특징적인 역사 현상으로서, 조선 후기 사회의 관념과 가치관의 흐름, 친족질서의 변동, 사회경제적 변동, 신분질서의 동요, 향촌 사회 구조의 변화 등 조선 후기 사회상을 종합적으로 함축하고 있다. 산송의 전개과정에서 나타나는 대립과 갈등은 역동적인 사회 변동의 한 반영이라 할 수 있다.

주

1 『영조실록』 권105, 영조 41년 윤 2월 23일 무진.

2 『영조실록』 권103, 영조 40년 6월 14일 갑오.

3 『현종실록』 권9, 현종 5년 11월 6일 계사.

4 『대명률大明律』에도 투장이 발총(發塚) 항목에 '도장(盜葬)'이란 용어로 실려 있다. 그러나 이는 일반적인 의미에서 분묘에 대한 훼손 차원의 처벌 규정이었다. 16, 17세기 이후 역사적 현상으로서의 투장에 대한 대처방식은 『수교집록』에서부터 등장하고 있다.

5 『수교집록』 「예전」 상장.

6 유운룡, 『겸암집謙菴集』 「천등산기天燈山記」.

7 『고문서집성古文書集成 41—안동주촌 진성 이씨편』, 소지류 2-3, 한국학중앙연구원, 1999, 113쪽.

8 이정회, 『송간집』, 세전유록(世傳遺錄) 참조.

9 『진성이씨안동파세보眞城李氏安東派世譜』 종사편(宗史篇) 참조.

10 김경숙, 「조선 후기 산송과 사회갈등 연구」, 서울대 박사학위논문, 2002, 71쪽 참조.

11 유운룡, 『겸암집』 「천등산기」.

12 유운룡, 『겸암집』 「천등산기」. "後夫人卒 欲同葬其麓 時太師遠孫權均爲政丞 有讒人間之 曰將撤太師階砌而用之 均大怒 移文本府禁葬 祖考參判公詣京 以衰絰守政丞門 踰月 每出伏於路左旣久 方一召問 祖考細言子孫枝派繼葬來歷及山勢遠近 均始意解 令勿禁 遂得同塋域."

13 유운룡, 『겸암집』 「잡저雜著」 족중입의(族中立議). 그는 1573년 여묘살이 중에 수호제전지규(守護祭奠之規)를 마련하였으나 실행하지 못하다가, 십여 년 후인

1585년 봄에 족인들과 선조 분묘에 대한 제사와 화수지회(花樹之會)를 열 것을 논의하여 성사시켰다.

14 『조선시대 고문서 III-영인본 1』, 7 관(關), 3 한성부(漢城府), 다운샘, 2007; 『조선시대 고문서 IV-영인본 2』, 25 소지류(所志類), 28 노상추, 다운샘, 2007.

15 『조선시대 고문서 III-영인본 1』, 7 관, 3 한성부 10~18행, 다운샘, 2007.

16 『예기』 권16 대전(大傳) 제16.

17 『고려사』 권85, 「지志」, 형법(刑法) 2, 금령(禁令).

18 『태종실록』 권7, 태종 4년 3월 29일.

19 『태종실록』 권35, 태종 18년 5월 21일.

20 『태종실록』 권30, 태종 15년 12월 14일.

21 『주자가례』 「상례」 치장.

22 『주자가례』 「상례」 치장.

23 최창조, 「한국 풍수사상의 이해를 위하여」, 『한국의 전통지리사상』, 민음사, 1991; 배우성, 『조선 후기 국토관과 천하관의 변화』, 일지사, 1998, 29~32쪽 참조.

24 『주자가례』 「상례」 치장.

25 『숙종실록』 권18, 숙종 13년 10월 정미.

26 배우성, 『조선 후기 국토관과 천하관의 변화』, 일지사, 1998, 31쪽 참조.

27 『속대전續大典』 「형전刑典」 청리(聽理).

28 『신보수교집록』 「예전」 산송(山訟).

29 『숙종실록』 권55, 숙종 40년 8월 27일 병신.

30 분묘의 주산에서 묘혈(墓穴)로 뻗어내리는 산줄기를 말함. 내룡에 묘를 쓰면, 기존에 있는 분묘 입장에서는 뇌후(腦後, 무덤의 뒤쪽)에 해당하는 역장(逆葬, 조상 묘 윗자리에 자손의 묘를 씀)이 된다.

31 우하영, 『천일록千一錄』 「산지광점폐山地廣占弊」.

32 최창조는 풍수지리설을 "음양론과 오행설을 기반으로 『주역』의 체계를 주요한 논리 구조로 삼는 중국과 우리나라의 전통적인 지리과학으로, 추길피흉을 목적으로 삼는 상지기술학이다"라고 정의하며, 후대에 효의 관념이나 샤머니즘과 결합하

여 이기적인 속신으로 진전했다고 보았다. (최창조, 『한국의 풍수사상』, 민음사, 1984, 32쪽.)

33 최병헌, 「도선의 생애와 나말여초의 풍수지리설」, 『한국사연구』 11, 1975 참조.

34 이문건, 『묵재일기』 권8, 1557년 6월~10월.

35 『수교집록』 「예전」 상장(喪葬).

36 『신보수교집록』 「예전」 산송.

37 『순조실록』 권32, 순조 32년 11월 24일 병신.

38 『조선시대 남원 둔덕방의 전주 이씨와 그들의 문서(I)』, 소지류 No. 106, 전북대학교 박물관, 1990, 132쪽.

39 『속대전』 「예전」 상장.

40 최창조, 『한국의 풍수지리』, 민음사, 1993, 14~15쪽.

41 『영조실록』 권11, 영조 3년 3월 정미.

42 『조선시대 남원 둔덕방의 전주 이씨와 그들의 문서(I)』, 소지류 No. 34, 전북대학교 박물관, 1990, 70쪽.

43 『고문서집성 5—의성 김씨 편』, 소지류 No. 94, 한국학중앙연구원, 1999, 393쪽.

44 『정조실록』 권48, 정조 22년 2월 9일 계묘.

45 안현은 길마재라고도 한다. 『동국여지비고東國輿地備攷』에 의하면 안현은 기봉(崎峯)이라고도 하며 인왕산이 서쪽으로 뻗은 추모현(追慕峴)을 말한다. 인조 대에 이괄의 난이 일어났을 때 이를 평정하는 계기가 된 전투가 곧 안현전투였다.

46 『일성록』, 1809년 9월 21일.

47 『대전통편大典通編』 「형전刑典」 소원조(訴冤條); 한상권, 『조선 후기 사회와 소원제도—상언·격쟁 연구』, 1996, 22쪽 참조.

48 노상추 일기—신미일기辛未日記, 1811년 4월 19일.

49 김경숙, 「조선시대 유배형의 집행과 그 사례」 『사학연구』 55, 한국사학회, 1998 참조.

50 『고문서집성27—영광靈光 영월 신씨 편』, 소지류 No. 106, 한국학중앙연구원,

1999, 139쪽.

51 『고문서古文書 18』, 산송소지류(山訟所志類) 1228, 서울대학교 규장각한국학연구원, 176~177쪽.

52 같은 책, 177쪽.

53 『고문서집성27—영광 영월 신씨 편』, 소지류 No. 128, 한국학중앙연구원, 1999, 162쪽.

54 한상권, 「조선후기 산송의 실태와 성격—정조 대 상언·격쟁의 분석을 중심으로」, 『성곡논총 27-4』, 성곡학술문화재단, 1996, 38~39쪽 참조.

55 『일성록日省錄』, 정조 14년 8월 2일 병술.

56 『순조실록』 권14, 순조 11년 3월 30일 무인(戊寅).

57 『고문서집성 41—안동 주촌 진성 이씨 편』, 소지류 No. 59, 한국학중앙연구원, 1999, 224쪽.

58 김경숙, 「조선 후기 전의 이씨가의 산송과 분산수호」, 『역사학연구』 39, 호남사학회, 2010 참조.

59 웹사이트 규장각한국학연구원(http://e-kgujanggak.sun.ac.kr) 참조.

60 국립광주박물관, 『기록으로 본 조선시대의 사회와 문화』, 2008, 130. 이달현 등장, 137쪽.

61 같은 책, 2008. 133. 이태현 등장, 138쪽.

62 같은 책, 133. 이태현 등장.

63 심이택은 자는 치은(稚殷), 본관은 청송이다. 안동 김씨계 인물로 1864년 흥선대원군이 등장하면서 삼사의 탄핵을 받고 의주 부윤에서 삭직되고 유배되었다. 1873년 대원군 실각 후 유배에서 풀려나 중앙 정계에 복귀해, 이조 참의에 이어 개성 유수, 한성부 판윤, 이조·예조·형조·호조 판서 등 요직을 거쳤다. 1878년 7월 1일에 전라도 관찰사에 제수되어 1880년 12월 22일 광주 유수에 임명될 때까지 2년 6개월간 역임하였다. (『고종실록』 권15, 고종 15년 7월 1일 기유; 권17, 고종 17년 12월 22일 을묘.)

64 같은 책, 44. 다짐, 76쪽.

65 『고문서집성 45—부여 은산扶餘恩山 함양 박씨 편』, 소지류 No. 24, 한국학중앙연구원, 1999, 236쪽.

66 전북대학교 박물관, 『조선시대 남원 둔덕방의 전주 이씨와 그들의 문서(I)』, 소지 No. 24, 1990, 61쪽.

67 정약용, 『목민심서』「공전工典」 산림(山林), "環莞島數百理之地 宮室仰莞島 舟楫仰莞島 棺槨仰莞島耒耟仰莞島 鹽者仰焉 陶者仰焉 薪者炭者仰焉 凡鋪于地 汎乎水 然乎竈熟乎爐者 無一而非莞島之木".

68 이태진, 「소빙기 천변재이 연구와 조선왕조실록—global history의 한 장」, 『역사학보』, 역사학회, 1996, 149쪽; 한상권, 『조선 후기 사회와 소원 제도』, 일조각, 1996 참조.

69 『고문서』 18, 산송소지류 No. 1349, 서울대학교 규장각한국학연구원, 309쪽.

70 『고문서』 16, 산송소지류 No. 348, 서울대학교 규장각한국학연구원, 349쪽.

71 『비변사등록備邊司謄錄』 권99, 영조 12년 6월 6일.

72 『비변사등록』 권164, 정조 6년 1월 17일.

73 『고문서집성 33—영해寧海 재령 이씨 편』, 소지류 No.12-1, 한국학중앙연구원, 1999, 21쪽.

74 이경식, 「조선 후기의 화전 농업과 수세 문제」, 『한국문화』 10, 1989, 서울대학교 한국문화연구소, 165쪽.

75 『고문서집성 5—의성 김씨 편』, 소지류 No. 3, 한국학중앙연구원, 1999, 312쪽.

76 『고문서집성 27—영암 영월 신씨 편』, 소지류 No. 14, 한국학중앙연구원, 1999, 29쪽.

77 양진석, 「1862년 농민항쟁의 배경과 주도층의 성격」, 『1894년 농민전쟁연구 2—18·19세기의 농민항쟁』, 역사비평사, 1992, 209~210쪽.

78 『고문서』 16, 산송소지류 No. 146, 서울대학교 규장각한국학연구원, 145~146쪽.

79 『영남고문서집성(I)—상주 풍양 조씨 가문』, 소지 No. 2-2, 영남대학교 출판부, 1992, 326쪽.

80 『고문서』 19, 산송소지류 No. 1683, 서울대학교 규장각한국학연구원, 182쪽.

81 박병호, 『한국법제사특수연구』, 한국연구도서관, 1960, 57~79쪽; 최승희, 『증보판 한국고문서연구』, 지식산업사, 1989, 267~275쪽.

82 김필동, 『한국사회조직사연구』, 일조각, 1992.

83 규장각 소장 고문서 No. 古5129-23, 「사초계 ②」, 『조선시대사회사연구사료총서朝鮮時代社會史硏究史料叢書』 3, 275쪽.

84 규장각 소장 고문서 No. 古大5129-2, 「종계완의좌목宗禊完議座目」(『조선시대사회사연구사료총서』 3, 47~48쪽).

85 국립중앙박물관 소장 고문서, No. 구573, 『남산송계절목南山松契節目』.

86 규장각한국학연구원 소장 고문서, No. 古5129-14, 『조선시대사회사연구사료총서』 2, 515쪽. 분동은 『조선 후기 지방지도』에 의하면 충청도 청주 남주내면(南州內面)에 속하는 동리다.

참고문헌

『경국대전』.
『속대전』.
『수교집록』.
『신보수교집록』.
『조선왕조실록』.
『비변사등록』.
노상추 일기.
서울대학교 규장각한국학연구원, 『고문서』 16~20.
한국학중앙연구원, 『고문서집성』 1~98.
양진석 등, 『조선시대 고문서—최승희 서울대 명예교수 소장』, 다운샘, 2007.
국립광주박물관, 『기록으로 본 조선시대의 사회와 문화』, 2008.
영남대학교 민족문화연구소, 『영남고문서집성』, 영남대학교 출판부, 1992.

국사편찬위원회, 『고문서에게 물은 조선시대 사람들의 삶』, 두산동아, 2009.
김필동, 『한국사회조직사연구』, 일조각, 1992.
문숙자, 『68년의 나날들, 조선의 일상사』, 너머북스, 2009.
박병호, 『한국법제사 특수연구—이조시대의 不動産賣買及擔保法』, 한국연구도서관, 1960.
배우성, 『조선 후기 국토관과 천하관의 변화』, 일지사, 1998.
최승희, 『조선 후기 사회신분사연구』, 지식산업사, 2003.
——, 『증보판 한국고문서연구』, 지식산업사, 1989.
최창조, 『한국의 전통지리사상』, 민음사, 1994.
——, 『한국의 풍수사상』, 민음사, 1984.
——, 『한국의 풍수지리』, 민음사, 1993.
한상권, 『조선 후기 사회와 訴冤制度』, 일조각, 1996.

고영진, 「15, 16세기 주자가례의 시행과 그 의의」, 『한국사론』 21, 1989.
김경숙, 「조선 후기 산송과 사회갈등 연구」, 서울대 박사학위논문, 2002.
———, 「조선 후기 산송과 上言·擊錚」, 『고문서연구』 33, 2008.
———, 「조선시대 유배형의 집행과 그 사례」, 『사학연구』 55, 한국사학회, 1998.
———, 「조선 후기 全義李氏家의 山訟과 분산수호」, 『역사학연구』 39, 2010.
김선경, 「조선 후기 산림천택 사점에 관한 연구」, 경희대 박사학위논문, 1999.
———, 「조선 후기 산송과 산림소유권의 실태」, 『동방학지』 77·78·79, 1993.
양진석, 「1862년 농민항쟁의 배경과 주도층의 성격」, 『1894년 농민전쟁연구 2』, 역사비평사, 1992.
이경식, 「조선 후기의 화전농업과 수세 문제」, 『한국문화』 10, 한국환경생물학회, 1989.
이순구, 「조선 초기 종법의 수용과 여성지위의 변화」, 한국학중앙연구원 박사학위논문, 1995
이태진, 「소빙기 천변재이 연구와 조선왕조실록—global history의 한 장」, 『역사학보』 149, 1996.
임상혁, 「조선 전기 민사소송과 소송이론의 전개」, 서울대 박사학위논문, 2000.
전경목, 「조선 후기 산송연구—18, 19세기 고문서를 중심으로」, 전북대 박사학위논문, 1996.
정긍식, 「조선 초기 주자가례 규범의 수용에 관한 고찰—상례를 중심으로」, 서울대 석사학위논문, 1988.
정종수, 「조선 초기 상장의례 연구」, 중앙대 박사학위논문, 1994.
최병헌, 「도선의 생애와 나말여초의 풍수지리설」, 『한국사연구』 11, 1975.
한상권, 「조선 후기 산송의 실태와 성격—정조 대 상언·격쟁의 분석을 중심으로」, 『성곡논총 27-4』, 성곡학술문화재단, 1996.

'키워드 한국문화'를 펴내며

'키워드 한국문화'는 한국의 역사와 문화를 재발견하는 작업이다. 한국문화의 정수를 찾아 그 의미와 가치를 정리하는 일이다. 한 장의 그림 또는 하나의 역사적 장면을 키워드로 삼아, 구체적인 대상을 통해 한국을 찾자는 것이다. 처음 소개되는 것도 있을 것이고, 잘 알려져 있더라도 이제야 그 진면목이 드러나는 것도 있을 것이다. 영상과 멀티미디어에 익숙한 현대적 감각에 맞추어 시청각자료를 풍부히 활용하고자 했다. 우리 것이니 당연히 알아야 한다는 의무감에서가 아니라, 같은 땅에 살았던 사람들의 삶의 이야기를 조근조근 들려주어 자연스레 책을 펼쳐볼 수 있게 했다. 이로써 멀게만 느껴졌던 인문학과 독서대중의 간극을 좁히고자 했다.

한국문화를 전혀 모르는 사람들에게나, 어렴풋이 알고 있다고 생각하지만 선입관에 사로잡힌 사람들에게, 또 좀더 깊이 알고자 하지만 길을 찾지 못하는 사람들에게 '키워드 한국문화'는 좋은 안내자가 될 것이다. 한국이 어떤 나라인지 묻는 외국의 벗에게 이 책 한 권을 건넴으로써 대답을 대신할 수 있을 것이다. 책이 한 권 한 권 간행될수록 한국문화의 특징과 아름다움이 더욱 선명히 모습을 드러내리라 믿는다. 책으로 만든 '한국문화 특별전시관'의 완공을 손꼽아 기다린다.

키워드 한국문화 기획위원

김문식, 박철상, 신수정, 안대회, 정병설

키워드 한국문화 10
조선의 묘지 소송

초판 인쇄 | 2012년 2월 10일
초판 발행 | 2012년 2월 17일

지은이 김경숙
펴낸이 강병선

책임편집 임혜지 | 편집 오동규 | 독자모니터 황치영
디자인 엄혜리 이주영 최미영 | 마케팅 우영희 채유담
온라인 마케팅 이상혁 장선아 | 제작 안정숙 서동관 김애진 | 제작처 영신사

펴낸곳 (주)문학동네
출판등록 1993년 10월 22일 제406-2003-000045호
주소 413-756 경기도 파주시 문발동 파주출판도시 513-8
전자우편 editor@munhak.com | 대표전화 031)955-8888 | 팩스 031)955-8855
문의전화 031)955-2660(마케팅) 031)955-2672(편집)
문학동네카페 http://cafe.naver.com/mhdn | 트위터 @munhakdongne

ISBN 978-89-546-1744-4 04900
978-89-546-0990-6 04900 (세트)

* 이 도서의 국립중앙도서관 출판시도서목록(CIP)은 e-CIP 홈페이지(http://www.nl.go.kr/ecip)와 국가자료공동목록 시스템(http://www.nl.go.kr/kolisnet)에서 이용하실 수 있습니다.(CIP제어번호: CIP2012000469)

www.munhak.com